Cuisine Apaisante
Recettes Anti-Inflammatoires

Camille Martin

contenu

Riz aux crevettes citronnées portions : 3

Temps de préparation : 10 minutes

Ingrédients:

¼ tasse de riz sauvage cuit

½ c. Beurre divisé

¼ c. huile d'olive

1 tasse de crevettes crues, décortiquées, déveinées et égouttées ¼ tasse de petits pois surgelés, décongelés, rincés et égouttés

1 cuillère. jus de citron fraîchement pressé

1 cuillère. ciboulette, hachée

Une pincée de sel marin, au goût

Directions:

1. Versez ¼ c. Mettez le beurre et l'huile dans le wok à feu moyen. Ajoutez les crevettes et les petits pois. Faire sauter jusqu'à ce que les crevettes deviennent rose corail, environ 5 à 7

minutes.

2. Ajoutez le riz sauvage et faites cuire jusqu'à ce qu'il soit bien chaud - assaisonnez avec du sel et du beurre.

3. Transférer dans une assiette. Saupoudrer de ciboulette et de jus de citron.

Servir.

Information nutritionnelle:Calories 510 Glucides : 0 g Lipides : 0 g Protéines : 0 g

Crevettes au four et citron avec courgettes et maïs portions : 4

Temps de préparation : 20 minutes

Ingrédients:

1 cuillère à soupe d'huile d'olive extra vierge

2 petites courgettes, coupées en cubes de ¼ de pouce

1 tasse de grains de maïs surgelés

2 thé, tranché finement

1 cuillère à café de sel

½ cuillère à café de cumin moulu

½ cuillère à café de poudre de chili chipotle

1 livre de crevettes décortiquées, décongelées si nécessaire

1 cuillère à soupe de coriandre fraîche finement hachée

Le zeste et le jus d'1 citron vert

Directions:

1. Préchauffer le four à 400°F. Graisser la plaque à pâtisserie avec de l'huile.

2. Sur la plaque à pâtisserie, mélanger les courgettes, le maïs, l'oignon, le sel, le cumin et la poudre de chili et bien mélanger. Disposer en une seule couche.

3. Ajoutez les crevettes dessus. Faire frire en 15 à 20 minutes.

4. Incorporer la coriandre et le zeste et le jus de citron vert, mélanger et servir.

<u>Information nutritionnelle:</u>Calories 184 Lipides totaux : 5 g Glucides totaux : 11 g Sucre : 3 g Fibres : 2 g Protéines : 26 g Sodium : 846 mg

Soupe de chou-fleur Portions : 10

Temps de préparation : 10 minutes

Ingrédients:

¾ tasse d'eau

2 cuillères à café d'huile d'olive

1 oignon, coupé en dés

1 tête de chou-fleur, juste les fleurons

1 boîte de lait de coco entier

1 cuillère à café de curcuma

1 cuillère à café de gingembre

1 cuillère à café de miel brut

Directions:

1. Mettez toutes les garnitures dans une grande casserole et faites bouillir environ 10 minutes.

minutes.

2. Utilisez un mixeur plongeant pour mélanger et rendre la soupe onctueuse.

Servir.

Information nutritionnelle:Glucides totaux 7 g Fibres alimentaires : 2 g Glucides nets : Protéines : 2 g Lipides totales : 11 g Calories : 129

Burger de patates douces et haricots noirs

Portions : 6

Temps de préparation : 10 minutes

Ingrédients:

1/2 jalapeno, épépiné et coupé en dés

1/2 tasse de quinoa

6 pains à hamburger à grains entiers

1 boîte de haricots noirs rincés et égouttés

Huile d'olive/huile de coco, pour la cuisson

1 patate douce

1/2 tasse d'oignon rouge, coupé en dés

4 cuillères à soupe de farine d'avoine sans gluten

2 gousses d'ail, hachées

2 cuillères à café d'assaisonnement cajun épicé

1/2 tasse de coriandre, hachée

1 cuillère à café de cumin

germe

Sel au goût

Poivre à goûter

Pour la crème :

2 cuillères à soupe de coriandre hachée

1/2 avocat mûr, coupé en dés

4 cuillères à soupe de crème sure faible en gras/yaourt grec nature 1 cuillère à café de jus de citron

Directions:

1. Rincez le quinoa sous l'eau froide. Mettez une tasse d'eau dans une casserole et faites-la chauffer. Ajoutez le quinoa et portez à ébullition.

2. Couvrir, puis laisser mijoter jusqu'à ce que toute l'eau soit absorbée, environ 15 minutes.

3. Éteignez le feu et mélangez le quinoa avec une fourchette. Transférez ensuite le quinoa dans un bol et laissez-le refroidir pendant 5 à 10 minutes.

4. Piquez les pommes de terre avec une fourchette puis passez-les au micro-ondes pendant quelques minutes, jusqu'à ce qu'elles soient bien cuites et tendres. Une fois cuites, épluchez les pommes de terre et laissez-les refroidir.

5. Ajoutez les pommes de terre bouillies dans un robot culinaire avec 1 boîte de haricots noirs, ½ tasse de coriandre hachée, 2 cuillères à café d'assaisonnement cajun, ½

tasse d'oignon coupé en dés, 1 cuillère à café de cumin et 2 gousses d'ail émincées.

Pulser jusqu'à obtenir un mélange lisse. Transférez-le dans un bol et ajoutez le quinoa cuit.

6. Ajoutez la farine d'avoine/le son d'avoine. Bien mélanger et façonner 6 petits pains. Placer les boulettes de viande sur une plaque à pâtisserie et réfrigérer environ une demi-heure.

7. Ajoutez tous les ingrédients de la crème dans un robot culinaire. Pulser jusqu'à consistance lisse. Ajuster le sel au goût et réfrigérer.

8. Graisser une poêle avec de l'huile et la faire chauffer à feu moyen.

Faites cuire chaque côté des boulettes de viande jusqu'à ce qu'elles soient dorées, pendant 3 à 4 minutes seulement.

Servir avec de la crème anglaise, des pousses, des petits pains et l'une de vos garnitures préférées.

<u>Information nutritionnelle:</u>206 calories 6 g de matières grasses 33,9 g de glucides totaux 7,9 g de protéines

Soupe aux champignons et à la noix de coco

Portions : 3

Temps de préparation : 10 minutes

Ingrédients:

1 cuillère à soupe d'huile de coco

1 cuillère à soupe de gingembre moulu

1 tasse de champignons cremini, hachés

½ cuillère à café de curcuma

2 tasses et demie d'eau

½ tasse de lait de coco en conserve

Sel de mer au goût

Directions:

1. Faites chauffer l'huile de coco à feu moyen dans une grande casserole et ajoutez les champignons. Cuire 3-4 minutes.

2. Ajoutez le reste des fixations et faites bouillir. Laissez bouillir pendant 5 minutes.

3. Répartissez dans trois bols à soupe et dégustez !

Information nutritionnelle:Glucides totaux 4 g Fibres alimentaires : 1 g

Protéines : 2 g Lipides totales : 14 g Calories : 143

Salade de fruits façon hiver Portions : 6

Temps de cuisson : 0 minutes

Ingrédients:

4 patates douces bouillies, coupées en dés (cubes de 1 pouce) 3 poires, coupées en dés (cubes de 1 pouce)

1 tasse de raisins, coupés en deux

1 pomme, coupée en dés

½ tasse de moitiés de noix de pécan

2 cuillères à soupe d'huile d'olive

1 cuillère à soupe de vinaigre de vin rouge

2 cuillères à soupe de miel brut

Directions:

1. Mélangez l'huile d'olive, le vinaigre de vin rouge, puis le miel brut pour faire la vinaigrette et réservez.

2. Mélangez les fruits hachés, les patates douces et les moitiés de noix de pécan et répartissez-les dans six bols de service. Arroser chaque bol de vinaigrette.

Information nutritionnelle:Glucides totaux 40 g Fibres alimentaires : 6 g Protéines : 3 g Lipides totales : 11 g Calories : 251

Cuisses de poulet frites au miel et carottes

Portions : 4

Temps de préparation : 50 minutes

Ingrédients:

2 cuillères à soupe de beurre non salé, à température ambiante 3 grosses carottes tranchées finement

2 gousses d'ail, hachées

4 cuisses de poulet avec os et peau

1 cuillère à café de sel

½ cuillère à café de romarin séché

¼ cuillère à café de poivre noir fraîchement moulu

2 cuillères à soupe de miel

1 tasse de bouillon de poulet ou de bouillon de légumes

Rondelles de citron, pour servir

Directions:

1. Préchauffer le four à 400 °F. Beurrer la plaque à pâtisserie.

2. Disposez les carottes et l'ail en une seule couche sur la plaque à pâtisserie.

3. Placer le poulet, peau vers le haut, sur les légumes et assaisonner de sel, de romarin et de poivre.

4. Mettez le miel dessus et ajoutez le bouillon.

5. Rôtir en 40 à 45 minutes. Retirer, puis laisser reposer 5

minutes et servir avec des tranches de citron.

Information nutritionnelle:Calories 428 Lipides totaux : 28 g Glucides totaux : 15 g Sucre : 11 g Fibres : 2 g Protéines : 30 g Sodium : 732 mg

Portions de chili à la dinde : 8

Temps de cuisson : 4 heures et 10 minutes

Ingrédients:

1 livre de dinde hachée, de préférence maigre à 99 %.

2 boîtes de haricots rouges, rincés et égouttés (15 oz chacun) 1 poivron rouge haché

2 boîtes de sauce tomate (15 oz chacune)

1 pot de piments jalapeno apprivoisés, tranchés courts (16 oz) 2 boîtes de petites tomates coupées en dés (15 oz chacune) 1 cuillère à soupe de cumin

1 poivron jaune, haché grossièrement

2 boîtes de haricots noirs, de préférence rincés et égouttés (15 oz chacun) 1 tasse de maïs, congelé

2 cuillères à soupe de poudre de chili

1 cuillère à soupe d'huile d'olive

Poivre noir et sel au goût

1 oignon moyen, coupé en dés

Oignon vert, avocat, fromage râpé, yaourt grec/crème sure, sur le dessus, facultatif

Directions:

1. Faites chauffer l'huile jusqu'à ce qu'elle soit chaude dans une grande poêle. Une fois terminé, placez délicatement la dinde dans la poêle chaude et faites cuire jusqu'à ce qu'elle soit dorée. Versez la dinde au fond de votre mijoteuse, de préférence 6 litres.

2. Ajoutez les jalapeños, le maïs, les poivrons, les oignons, les tomates en dés, la sauce tomate, les haricots, le cumin et la poudre de chili. Mélangez, puis ajoutez du poivre et du sel selon votre goût.

3. Couvrir et cuire 6 heures à feu doux ou 4 heures à feu vif.

Servir avec des garnitures facultatives et déguster.

<u>Information nutritionnelle:</u>kcal 455 Lipides : 9 g Fibres : 19 g Protéines : 38 g

Soupe de lentilles aux épices Portions : 5

Temps de cuisson : 25 minutes

Ingrédients:

1 tasse d'oignon jaune (coupé en dés)

1 tasse de carotte (coupée en dés)

1 tasse de navet

2 cuillères à soupe d'huile d'olive extra vierge

2 cuillères à soupe de vinaigre balsamique

4 tasses de pousses d'épinards

2 tasses de lentilles brunes

¼ tasse de persil frais

Directions:

1. Préchauffez la cocotte minute à feu moyen et ajoutez-y de l'huile d'olive et des légumes.

2. Au bout de 5 minutes, ajoutez le bouillon, les lentilles et le sel dans la casserole et laissez mijoter 15 minutes.

3. Retirez le couvercle et ajoutez-y les épinards et le vinaigre.

4. Remuez la soupe pendant 5 minutes et éteignez le feu.

5. Garnir de persil frais.

Information nutritionnelle:Calories 96 Glucides : 16 g Lipides : 1 g Protéines : 4 g

Portions de poulet et légumes à l'ail : 4

Temps de cuisson : 45 minutes

Ingrédients:

2 cuillères à café d'huile d'olive extra vierge

1 poireau, partie blanche seulement, tranché finement

2 grosses courges, coupées en tranches de ¼ de pouce

4 poitrines de poulet avec os, avec la peau

3 gousses d'ail hachées

1 cuillère à café de sel

1 cuillère à café d'origan séché

¼ cuillère à café de poivre noir fraîchement moulu

½ tasse de vin blanc

Jus de 1 citron

Directions:

1. Préchauffer le four à 400°F. Graisser la plaque à pâtisserie avec de l'huile.

2. Disposez les poireaux et les courgettes sur la plaque à pâtisserie.

3. Placez le poulet, peau vers le haut, et saupoudrez d'ail, de sel, d'origan et de poivre. Ajoutez le vin.

4. Rôtir en 35 à 40 minutes. Retirer et laisser reposer 5 minutes.

5. Ajoutez le jus de citron et servez.

Information nutritionnelle:Calories 315 Lipides totaux : 8 g Glucides totaux : 12 g Sucre : 4 g Fibres : 2 g Protéines : 44 g Sodium : 685 mg

Portions de salade de saumon fumé : 4

Temps de préparation : 20 minutes

Ingrédients:

2 petits bulbes de fenouil, tranchés finement, quelques feuilles réservées 1 cuillère à soupe de petites câpres salées, rincées et égouttées ½ tasse de yaourt nature

2 cuillères à soupe de persil haché

1 cuillère à soupe de jus de citron fraîchement pressé

2 cuillères à soupe de ciboulette fraîche hachée

1 cuillère à soupe d'estragon fraîchement haché

180 g de saumon fumé émincé, avec un peu de sel

½ oignon rouge, tranché finement

1 cuillère à café de zeste de citron finement râpé

½ tasse de lentilles vertes françaises, rincées

60 g de jeunes épinards frais

½ avocat, tranché

Une pincée de sucre en poudre

Directions:

1. Mettez l'eau dans une grande casserole avec de l'eau et faites bouillir à feu modéré. Une fois cuit; faire bouillir les lentilles jusqu'à ce qu'elles soient tendres, pendant 20 minutes ; se draine bien.

2. Pendant ce temps, préchauffez une poêle à feu vif.

Vaporiser les tranches de fenouil avec un peu d'huile et cuire jusqu'à ce qu'elles soient tendres, 2

minutes de chaque côté.

3. Mélangez la ciboulette, le persil, le yaourt, l'estragon, le zeste de citron et les câpres dans un robot culinaire jusqu'à consistance lisse, puis assaisonnez avec du poivre au goût.

4. Mettez l'oignon avec le sucre, le jus et une pincée de sel dans un grand bol. Laissez-le de côté pendant quelques minutes puis égouttez-le.

5. Mélangez les lentilles avec l'oignon, le fenouil, l'avocat et les épinards dans un grand bol. Répartir uniformément dans les assiettes, puis garnir de poisson. Saupoudrer du reste des feuilles de fenouil et de persil frais. Arroser de vinaigrette Déesse Verte. Apprécier.

<u>Information nutritionnelle:</u>kcal 368 Lipides : 14 g Fibres : 8 g Protéines : 20 g

Salade Shawarma aux haricots : 2

Temps de préparation : 20 minutes

Ingrédients:

Pour la préparation de la salade

20 chips de pita

5 onces de laitue printanière

10 tomates cerises

¾ tasse de persil frais

¼ tasse d'oignon rouge (haché)

Pour les pois chiches

1 cuillère à soupe d'huile d'olive

1 cuillère à café de cumin et de curcuma

½ cuillère à café de paprika et de coriandre en poudre 1 pincée de poivre noir

½ petit sel casher

¼ cuillère à café de gingembre et de cannelle en poudre

Pour la préparation de la vinaigrette

3 gousses d'ail

1 cuillère à soupe de racine de bardane sèche

1 cuillère à soupe de jus de citron

L'eau

½ tasse de houmous

Directions:

1. Placer une grille dans le four déjà préchauffé (204°C). Mélangez les pois chiches avec toutes les épices et herbes.

2. Déposez une fine couche de pois chiches sur la plaque à pâtisserie et faites-la cuire au four environ 20 minutes. Faites-le cuire jusqu'à ce que les haricots deviennent dorés.

3. Pour préparer la vinaigrette, mélangez tous les ingrédients dans un bol et mélangez. Ajoutez de l'eau progressivement pour une bonne douceur.

4. Mélangez toutes les herbes et épices pour préparer la salade.

5. Pour servir, ajoutez des chips de pita et des haricots à la salade et arrosez-y d'un peu de vinaigrette.

Information nutritionnelle:Calories 173 Glucides : 8 g Lipides : 6 g Protéines : 19 g

Portions de riz frit à l'ananas : 4

Temps de préparation : 20 minutes

Ingrédients:

2 carottes nettoyées et râpées

2 oignons verts, tranchés

3 cuillères à soupe de sauce soja

1/2 tasse de jambon, coupé en dés

1 cuillère à soupe d'huile de sésame

2 tasses d'ananas frais/en conserve, coupé en dés

1/2 cuillère à café de gingembre en poudre

3 tasses de riz brun, cuit

1/4 cuillère à café de poivre blanc

2 cuillères à soupe d'huile d'olive

1/2 tasse de petits pois surgelés

2 gousses d'ail, hachées

1/2 tasse de maïs surgelé

1 oignon, coupé en dés

Directions:

1. Mettez 1 cuillère à soupe d'huile de sésame, 3 cuillères à soupe de sauce soja, 2 pincées de poivre blanc et 1/2 cuillère à café de gingembre en poudre dans un bol. Mélangez bien et réservez.

2. Préchauffez l'huile dans une poêle. Ajouter l'ail ainsi que l'oignon coupé en dés.

Cuire environ 3 à 4 minutes en remuant souvent.

3. Ajoutez 1/2 tasse de pois surgelés, les carottes râpées et 1/2 tasse de maïs surgelé.

Remuer jusqu'à ce que les légumes soient tendres, quelques minutes seulement.

4. Incorporer le mélange de sauce soja, 2 tasses d'ananas coupé en dés, ½ tasse de jambon haché, 3 tasses de riz brun cuit et les oignons verts tranchés.

Cuire environ 2-3 minutes en remuant souvent. Servir!

Information nutritionnelle:252 calories 12,8 g de matières grasses 33 g de glucides totaux 3 g de protéines

Portions de soupe aux lentilles : 2

Temps de cuisson : 30 minutes

Ingrédients:

2 carottes, moyennes et coupées en dés

2 cuillères. Jus de citron, frais

1 cuillère. Poudre de curcuma

1/3 tasse de lentilles, cuites

1 cuillère. Amandes hachées

1 branche de céleri, coupée en dés

1 bouquet de persil fraîchement haché

1 oignon jaune, gros et haché

Poivre noir fraîchement moulu

1 panais, moyen et haché

½ c. Poudre de cumin

3 ½ tasses d'eau

½ c. Sel rose de l'Himalaya

4 feuilles de chou frisé, hachées grossièrement

Directions:

1. Pour commencer, placez les carottes, les panais, une cuillère à soupe d'eau et l'oignon dans une casserole de taille moyenne à feu moyen.

2. Faites cuire le mélange de légumes pendant 5 minutes en remuant de temps en temps.

3. Ajoutez ensuite les lentilles et les épices. Mélangez bien.

4. Après cela, versez de l'eau dans la casserole et portez le mélange à ébullition.

5. Maintenant, réduisez le feu à doux et laissez bouillir pendant 20

minutes.

6. Éteignez le feu et retirez du feu. Ajoutez-y le chou frisé, le jus de citron, le persil et le sel.

7. Ensuite, mélangez bien jusqu'à ce que tout soit combiné.

8. Couvrez-le d'amandes et servez chaud.

<u>Information nutritionnelle:</u>Calories : 242 Kcal Protéines : 10 g Glucides : 46 g Lipides : 4 g

Délicieuse salade de thon : 2

Temps de cuisson : 15 minutes

Ingrédients:

2 boîtes de thon emballées dans de l'eau (5 oz chacune), égouttées ¼ tasse de mayonnaise

2 cuillères à soupe de basilic frais haché

1 cuillère à soupe de jus de citron fraîchement pressé

2 cuillères à soupe de poivron rouge rôti, haché ¼ tasse de kalamata ou d'olives mélangées, hachées

2 grosses tomates mûries sur vigne

1 cuillère à soupe de câpres

2 cuillères à soupe d'oignon rouge, haché

Poivre et sel au goût

Directions:

1. Ajouter tous les ingrédients (sauf les tomates) dans un grand bol à mélanger ; bien mélanger les ingrédients jusqu'à ce que le tout soit bien mélangé.

Coupez la tomate en six puis ouvrez-la légèrement. Placer le mélange de salade de thon préparé au centre; servir immédiatement et déguster.

Information nutritionnelle:kcal 405 Lipides : 24 g Fibres : 3,2 g Protéines : 37 g

Aïoli aux œufs portions : 12

Temps de cuisson : 0 minutes

Ingrédients:

2 jaunes d'œufs

1 ail, râpé

2 cuillères. l'eau

½ tasse d'huile d'olive extra vierge

¼ tasse de jus de citron fraîchement pressé, épépiné ¼ c. sel de mer

Poudre de piment de Cayenne

Une pincée de poivre blanc, au goût

Directions:

1. Versez l'ail, les jaunes d'œufs, le sel et l'eau dans le mixeur ; traiter jusqu'à consistance lisse. Ajouter l'huile d'olive en filet jusqu'à ce que la vinaigrette émulsionne.

2. Ajoutez le reste des ingrédients. Goût; rectifier l'assaisonnement si nécessaire.

Verser dans un récipient hermétique; utiliser selon les besoins.

Information nutritionnelle:Calories 100 Glucides : 1 g Lipides : 11 g Protéines : 0 g

Pâtes spaghetti à la sauce aux champignons et aux herbes Ingrédients :

200 grammes/6,3 oz autour d'une grande portion d'un paquet de spaghettis fins au blé*

140 grammes de champignons fendus et nettoyés 12-15 morceaux*

¼ tasse de crème sure

3 tasses de lait

2 cuillères à soupe d'huile d'olive pour la cuisson en plus de 2 cuillères à café d'huile ou de margarine fondue pour inclure à moitié 1,5 cuillères à soupe de farine

½ tasse d'oignon haché

¼ à ½ tasse de parmesan cheddar moulu croustillant

Quelques morceaux de poivre noir

Sel au goût

2 cuillères à café de thym séché ou frais*

Bouquet de nouvelles feuilles de basilic froissées

Directions:

1. Faites cuire les pâtes, encore un peu fermes, comme indiqué sur l'emballage.

2. Pendant que les pâtes cuisent, nous devrions commencer à préparer la sauce.

3. Faites chauffer les 3 tasses de lait au micro-ondes pendant 3 minutes ou sur la cuisinière pour laisser mijoter.

4. Parallèlement, faites chauffer 2 cuillères à soupe d'huile dans une poêle antiadhésive à feu moyen-vif et faites revenir les champignons fendus. Cuire environ 2

minutes.

5. Dès le début, les champignons vont renverser un peu d'eau, puis ils s'évaporent à la longue et redeviennent frais chacun.

6. Réduisez actuellement le feu à moyen, ajoutez l'oignon et faites cuire 1 instant.

7. Ajoutez actuellement 2 cuillères à café de pâte à tartiner molle et saupoudrez de farine.

8. Mélangez pendant 20 secondes.

9. Incorporer constamment le mélange de lait chaud pour former une sauce onctueuse.

10. Lorsque la sauce épaissit, c'est-à-dire qu'elle se transforme en ragoût, éteignez le feu.

11. Ajoutez actuellement ¼ tasse de cheddar parmesan râpé. Mélanger jusqu'à consistance lisse. Pendant 30 secondes.

12. Ajoutez maintenant le sel, le poivre et le thym.

13. Essayez-le. Changez la saveur si nécessaire.

14. Pendant ce temps, les pâtes doivent encore bouillonner un peu fort.

15. Filtrez l'eau tiède dans une passoire. Gardez le robinet ouvert et faites couler de l'eau froide pour arrêter la cuisson, égouttez toute l'eau et jetez-la avec la sauce.

16. Si vous ne mangez pas tout de suite, ne mélangez pas les pâtes à la sauce. Gardez les pâtes séparées, recouvertes d'huile et sécurisées.

17. Servir chaud avec une pincée de cheddar parmesan.

Apprécier!

Soupe miso au riz brun et shitake aux oignons

Portions : 4

Temps de cuisson : 45 minutes

Ingrédients:

2 cuillères à soupe d'huile de sésame

1 tasse de chapeaux de champignons shiitake tranchés finement

1 gousse d'ail, hachée

1 morceau (1½ pouces) de gingembre frais, pelé et tranché 1 tasse de riz brun à grain moyen

½ cuillère à café de sel

1 cuillère à soupe de miso blanc

2 thé, tranché finement

2 cuillères à soupe de coriandre fraîche finement hachéeDirections:

1. Faites chauffer l'huile à feu moyen-vif dans une grande casserole.

2. Ajoutez les champignons, l'ail et le gingembre et faites revenir jusqu'à ce que les champignons commencent à ramollir, environ 5 minutes.

3. Ajoutez le riz et remuez pour bien l'enrober d'huile. Ajouter 2 tasses d'eau et du sel et porter à ébullition.

4. Laisser mijoter à feu doux pendant 30 à 40 minutes. Utilisez un peu de bouillon de soupe pour ramollir le miso, puis remuez-le dans la casserole jusqu'à ce que le tout soit bien mélangé.

5. Incorporer les oignons verts et la coriandre, puis servir.

Information nutritionnelle:Calories 265 Lipides totaux : 8 g Glucides totaux : 43 g Sucre : 2 g Fibres : 3 g Protéines : 5 g Sodium : 456 mg

Truite de mer grillée, sauce à l'ail et au persil

Portions : 8

Temps de cuisson : 25 minutes

Ingrédients:

3 ½ kg de filet de truite, de préférence de truite de mer, désossé, avec la peau

4 gousses d'ail, coupées en fines tranches

2 cuillères à soupe de câpres, hachées grossièrement

½ tasse de persil plat frais

1 piment rouge, de préférence long ; tranché finement 2 cuillères à soupe de jus de citron fraîchement pressé ½ tasse d'huile d'olive

Quartiers de citron, pour servir

Directions:

1. Badigeonnez la truite d'environ 2 cuillères à soupe d'huile ; assurez-vous que tous les côtés sont bien enduits. Préchauffer le gril à feu vif, de préférence avec le capot fermé. Réduire le feu à moyen; placez la truite habillée sur la plaque du gril, de préférence côté peau vers le haut. Cuire jusqu'à ce qu'il soit partiellement cuit et doré, quelques minutes. Retournez

délicatement la truite; cuire jusqu'à tendreté, 12 à 15 minutes, avec le capot fermé. Transférer le filet dans un grand plat de service.

2. Pendant ce temps, faites chauffer le reste de l'huile ; laisser mijoter l'ail dans une petite casserole jusqu'à ce qu'il soit chaud; l'ail commence à changer de couleur. Retirer, puis incorporer les câpres, le jus de citron et le piment.

Versez la vinaigrette préparée sur la truite, puis saupoudrez de feuilles de persil frais. Servir aussitôt avec des quartiers de citron frais, déguster.

Information nutritionnelle:kcal 170 Lipides : 30 g Fibres : 2 g Protéines : 37 g

Wraps au chou-fleur et aux pois chiches

Ingrédients :

1 gingembre frais

2 gousses d'ail

1 pois chiches en conserve

1 oignon rouge

8 onces de fleurons de chou-fleur

1 cuillère à café de Garam Masala

2 cuillères à soupe de fécule d'arrow-root

1 citron

1 paquet de coriandre fraîche

1/4 tasse de yaourt végétalien

4 paquets

3 cuillères à soupe de noix de coco râpée

4 onces de bébés épinards

1 cuillère à soupe d'huile végétale

1 cuillère à café de sel et de poivre au goût

Directions:

1. Préchauffer le poêle à 400°F (205°C). Retirez et émincez 1 cuillère à café de gingembre. Hachez l'ail. Égouttez et lavez les pois chiches. Épluchez et hachez finement l'oignon rouge. Fendez le citron.

2. Couvrir une plaque chauffante avec 1 cuillère à soupe d'huile végétale. Dans un grand bol, mélanger le gingembre émincé, l'ail, le jus d'un gros citron, les pois chiches, l'oignon rouge coupé en dés, les fleurons de chou-fleur, le garam masala, l'arrow-root et 1/2 cuillère à café de sel. Transférer sur la plaque à pâtisserie et faire griller jusqu'à ce que le chou-fleur soit tendre et rôti par endroits, environ 20 à 25 minutes.

3. Hachez les feuilles et les tiges tendres de coriandre. Dans un petit bol, mélangez la coriandre, le yaourt, 1 cuillère à soupe de jus de citron et une pincée de sel et de poivre.

4. Localisez les caissettes recouvertes de papier d'aluminium et placez-les dans la cuisinière pour chauffer pendant environ 3 à 4 minutes.

5. Mettez une petite poêle antiadhésive sur feu moyen et ajoutez la noix de coco râpée. Faire griller, en secouant la poêle régulièrement, jusqu'à tendreté, environ 2 à 3 minutes.

6. Les bébés épinards et les légumes cuits sont placés entre les wraps chauds. Placer les wraps au chou-fleur et aux pois chiches sur de grandes

assiettes et arroser de sauce à la coriandre. Saupoudrer de noix de coco grillée

Soupe de nouilles au sarrasin Portions : 4

Temps de cuisson : 25 minutes

Ingrédients:

2 tasses de bok choy, haché

3 cuillères. Tamara

3 paquets de nouilles au sarrasin

2 tasses de haricots Edamame

7 onces. Champignons shiitake, hachés

4 tasses d'eau

1 cuillère à soupe de gingembre, râpé

Saupoudrer de sel

1 gousse d'ail, râpée

Directions:

1. Tout d’abord, placez l’eau, le gingembre, la sauce soja et l’ail dans une casserole de taille moyenne à feu moyen.

2. Portez à ébullition le mélange gingembre-sauce soja, puis incorporez les edamames et les shiitake.

3. Continuez la cuisson pendant encore 7 minutes ou jusqu'à tendreté.

4. Ensuite, faites cuire les nouilles soba selon les instructions sur l'emballage jusqu'à ce qu'elles soient cuites. Lavez et égouttez bien.

5. Ajoutez maintenant le bok choy au mélange de shiitake et laissez cuire encore une minute ou jusqu'à ce que le bok choy se fane.

6. Enfin, répartissez les nouilles soba dans des bols de service et recouvrez du mélange de champignons.

Information nutritionnelle:Calories : 234 Kcal Protéines : 14,2 g Glucides : 35,1 g Lipides : 4 g

Salade légère de saumon : 1

Temps de cuisson : 0 minutes

Ingrédients:

1 tasse de roquette biologique

1 boîte de saumon sauvage pêché

½ avocat, tranché

1 cuillère à soupe d'huile d'olive

1 cuillère à café de moutarde de Dijon

1 cuillère à café de sel marin

Directions:

1. Commencez par mélanger l'huile d'olive, la moutarde de Dijon et le sel marin dans un bol pour préparer la vinaigrette. Mettre de côté.

2. Assemblez la salade avec de la roquette comme base et garnissez de saumon et de tranches d'avocat.

3. Arroser de vinaigrette.

Information nutritionnelle:Glucides totaux 7 g Fibres alimentaires : 5 g Protéines : 48 g Lipides totales : 37 g Calories : 553

Portions de soupe aux légumes : 4

Temps de préparation : 40 minutes

Ingrédients:

1 cuillère. Huile de noix de coco

2 tasses de chou, chou haché

2 branches de céleri coupées en dés

½ d'un 15 onces. boîte de haricots blancs égouttés et rincés 1 oignon gros et coupé en dés

¼ c. Poivre noir

1 carotte, moyenne et coupée en dés

2 tasses de chou-fleur, coupez les fleurons

1 cuillère à soupe de curcuma moulu

1 cuillère à soupe de sel marin

3 gousses d'ail hachées

6 tasses de bouillon de légumes

Directions:

1. Pour commencer, faites chauffer l'huile dans une grande casserole à feu moyen-doux.

2. Incorporer l'oignon dans la casserole et faire revenir pendant 5 minutes ou jusqu'à ce qu'il soit ramolli.

3. Mettez la carotte et le céleri dans la casserole et poursuivez la cuisson encore 4 minutes ou jusqu'à ce que les légumes ramollissent.

4. Versez maintenant le curcuma, l'ail et le gingembre dans le mélange. Bien mélanger.

5. Cuire le mélange de légumes pendant 1 minute ou jusqu'à ce qu'il soit parfumé.

6. Versez ensuite le bouillon de légumes, salez et poivrez et portez le mélange à ébullition.

7. Dès que l'ébullition commence, ajoutez le chou-fleur. Réduisez le feu et laissez mijoter le mélange de légumes pendant 13 à 15 minutes ou jusqu'à ce que le chou-fleur soit tendre.

8. Enfin, ajoutez les haricots et le chou frisé – laissez cuire 2 minutes.

9. Servez-le chaud.

Information nutritionnelle:Calories 192 Kcal Protéines : 12,6 g Glucides : 24,6 g Lipides : 6,4 g

Portions de crevettes au citron et à l'ail : 4

Temps de cuisson : 15 minutes

Ingrédients:

1 kilo et ¼ de crevettes, bouillies ou cuites à la vapeur

3 cuillères à soupe d'ail, émincé

¼ tasse de jus de citron

2 cuillères à soupe d'huile d'olive

¼ tasse de persil

Directions:

1. Prenez une petite poêle et mettez-la sur feu moyen, ajoutez l'ail et l'huile et remuez pour cuire 1 minute.

2. Ajoutez le persil, le jus de citron et assaisonnez en conséquence avec du sel et du poivre.

3. Ajoutez les crevettes dans un grand bol et transférez le mélange sur les crevettes.

4. Refroidissez et servez.

Information nutritionnelle:Calories : 130 Lipides : 3 g Glucides : 2 g Protéines : 22 g

Ingrédients des rouleaux de printemps Blt :

laitue fraîche, morceaux déchirés ou hachés

tranches d'avocat, discrétionnaire

SAUCE SÉSAME-SOJA

1/4 tasse de sauce soja

1/4 tasse d'eau froide

1 cuillère à soupe de mayonnaise (facultatif, cela rend la trempette veloutée)

1 cuillère à café de jus de citron vert frais

1 cuillère à café d'huile de sésame

1 cuillère à café de sauce sriracha ou n'importe quelle sauce piquante (facultatif)Directions:

1. tomates moyennes (épépinées et tranchées 1/4" d'épaisseur) 2. morceaux de bacon, cuits

3. basilic frais, menthe ou diverses herbes

4. papier de riz

Portions de poitrine de fromage bleu : 6

Temps de préparation : 8 heures. Dix minutes

Ingrédients:

1 tasse d'eau

1/2 cuillère à café de pâte d'ail

1/4 tasse de sauce soja

1 ½ livre. poitrine de corned-beef

1/3 cuillère à café de coriandre moulue

1/4 cuillère à café de clous de girofle moulus

1 cuillère à soupe d'huile d'olive

1 échalote, hachée

2 oz. fromage bleu, râpé

Aérosol de cuisson

Directions:

1. Mettez une poêle sur feu modéré et ajoutez de l'huile sur le feu.

2. Ajoutez les échalotes, remuez et laissez cuire 5 minutes.

3. Incorporer la pâte d'ail et cuire 1 minute.

4. Transférer dans une mijoteuse, enduite d'un enduit à cuisson.

5. Placez la poitrine dans la même poêle et faites-la frire jusqu'à ce qu'elle soit dorée des deux côtés.

6. Transférer le bœuf dans la mijoteuse avec les autres ingrédients sauf le fromage.

7. Mettez le couvercle et laissez cuire 8 heures. à feu doux.

8. Garnir de fromage et servir.

Information nutritionnelle:Calories 397, protéines 23,5 g, lipides 31,4 g, glucides 3,9 g, fibres 0 g

Soba froid à la sauce miso Ingrédients :

6 oz de nouilles soba au sarrasin

1/2 tasse de carottes râpées

1 tasse d'edamames solidifiés décortiqués, décongelés 2 concombres persans, tranchés

1 tasse de coriandre hachée

1/4 tasse de graines de sésame

2 cuillères à soupe de graines de sésame noir

Vinaigrette miso blanche (pour 2 tasses)

2/3 tasse de colle miso blanche

Jus de 2 citrons moyens

4 cuillères à soupe de vinaigre de riz

4 cuillères à soupe d'huile d'olive extra vierge

4 cuillères à soupe d'oranges pressées

2 cuillères à soupe de gingembre fraîchement moulu

2 cuillères à soupe de sirop d'érable

Directions:

1. Faites cuire les nouilles soba selon les instructions sur l'emballage (veillez à ne pas trop cuire sinon elles resteront collées et collées ensemble). Bien égoutter et transférer dans un grand bol 2. Inclure les carottes râpées, les edamames, le concombre, la coriandre et les graines de sésame

3. Pour préparer la vinaigrette, consolidez chacune des fixations dans un mixeur. Mélanger jusqu'à consistance lisse

4. Versez la quantité désirée de vinaigrette sur les nouilles (j'en ai utilisé environ une tasse et demie)

Morceaux de chou-fleur de bufflonne au four

Portions : 2

Temps de cuisson : 35 minutes

Ingrédients:

¼ tasse d'eau

¼ tasse de farine de banane

Une pincée de sel et de poivre

1 chou-fleur moyen, coupé en petits morceaux ½ tasse de sauce piquante

2 cuillères à soupe de beurre fondu

Fromage bleu ou vinaigrette ranch (facultatif)

Directions:

1. Préchauffer le four à 425 °F. Pendant ce temps, tapissez une plaque à pâtisserie de papier d'aluminium.

2. Mélangez l'eau, la farine et une pincée de sel et de poivre dans un grand bol.

3. Bien mélanger jusqu'à ce que le tout soit bien mélangé.

4. Ajoutez le chou-fleur; remuer pour bien enrober.

5. Transférez le mélange sur la plaque à pâtisserie. Cuire au four 15 minutes en retournant une fois.

6. Pendant la cuisson, mélanger la sauce piquante et le beurre dans un petit bol.

7. Versez la sauce sur le chou-fleur cuit.

8. Mettez le chou-fleur cuit au four et poursuivez la cuisson pendant 20 minutes.

9. Servir immédiatement avec la vinaigrette ranch en accompagnement, si désiré.

Information nutritionnelle:Calories : 168 Cal Lipides : 5,6 g Protéines : 8,4 g Glucides : 23,8 g Fibres : 2,8 g

Poulet à l'ail au four avec basilic et tomates

Portions : 4

Temps de cuisson : 30 minutes

Ingrédients:

½ oignon jaune moyen

2 cuillères à soupe d'huile d'olive

3 gousses d'ail émincées

1 tasse de basilic (légèrement haché)

1,lb de poitrine de poulet désossée

14,5 onces de tomates italiennes hachées

Sel poivre

4 courgettes moyennes (spiralisées en nouilles) 1 cuillère à soupe de poivron rouge moulu

2 cuillères à soupe d'huile d'olive

Directions:

1. Écrasez les morceaux de poulet avec une poêle pour une cuisson rapide. Saupoudrer de sel, de poivre et d'huile sur les morceaux de poulet et faire mariner les deux côtés du poulet de manière égale.

2. Faites frire les morceaux de poulet dans une grande poêle chaude pendant 2 à 3 minutes de chaque côté.

3. Faire revenir l'oignon dans la même poêle jusqu'à ce qu'il soit doré. Ajoutez-y les tomates, les feuilles de basilic et l'ail.

4. Faites-le bouillir pendant 3 minutes et ajoutez toutes les épices et le poulet dans la poêle.

5. Servez-le dans une assiette avec des zoodles.

<u>Information nutritionnelle:</u>Calories 44 Glucides : 7 g Lipides : 0 g Protéines : 2 g

Soupe crémeuse au curcuma et au chou-fleur

Portions : 4

Temps de cuisson : 15 minutes

Ingrédients:

2 cuillères à soupe d'huile d'olive extra vierge

1 poireau, partie blanche seulement, tranché finement

3 tasses de fleurons de chou-fleur

1 gousse d'ail, pelée

1 morceau (1¼ de pouce) de gingembre frais, pelé et tranché 1½ cuillère à café de curcuma

½ cuillère à café de sel

¼ cuillère à café de poivre noir fraîchement moulu

¼ cuillère à café de cumin moulu

3 tasses de bouillon de légumes

1 tasse de matière grasse entière : lait de coco

¼ tasse de coriandre fraîche finement hachée

Directions:

1. Faites chauffer l'huile à feu vif dans une grande casserole.

2. Faites revenir les poireaux pendant 3 à 4 minutes.

3. Ajoutez le chou-fleur, l'ail, le gingembre, le curcuma, le sel, le poivre et le cumin et faites revenir 1 à 2 minutes.

4. Ajoutez le bouillon et faites bouillir.

5. Faire bouillir en 5 minutes.

6. Réduisez la soupe en purée lisse à l'aide d'un mixeur plongeant.

7. Mélangez le lait de coco et la coriandre, faites chauffer et servez.

<u>Information nutritionnelle:</u>Calories 264 Lipides totaux : 23 g Glucides totaux : 12 g Sucre : 5 g Fibres : 4 g Protéines : 7 g Sodium : 900 mg

Riz brun aux champignons, chou et patates douces

Portions : 4

Temps de préparation : 50 minutes

Ingrédients:

¼ tasse d'huile d'olive extra vierge

4 tasses de feuilles de chou grossièrement hachées

2 poireaux, parties blanches seulement, tranchés finement

1 tasse de champignons tranchés

2 gousses d'ail, hachées

2 tasses de patates douces pelées, coupées en cubes de ½ pouce 1 tasse de riz brun

2 tasses de bouillon de légumes

1 cuillère à café de sel

¼ cuillère à café de poivre noir fraîchement moulu

¼ tasse de jus de citron fraîchement pressé

2 cuillères à soupe de persil plat frais finement hachéDirections:

1. Faites chauffer l'huile à feu vif.

2. Ajouter le chou, le poireau, les champignons et l'ail et faire sauter jusqu'à ce qu'ils soient tendres, environ 5 minutes.

3. Ajoutez les patates douces et le riz et faites revenir environ 3 minutes.

4. Ajoutez le bouillon, salez et poivrez et portez à ébullition. Il bout entre 30 et 40

minutes.

5. Incorporez le jus de citron et le persil, puis servez.

Information nutritionnelle:Calories 425 Lipides : 15 g Glucides totaux : 65 g Sucre : 6 g Fibres : 6 g Protéines : 11 g Sodium : 1045 mg

Recette de tilapia au four avec garniture aux pacanes et au romarin

Portions : 4

Temps de préparation : 20 minutes

Ingrédients:

4 filets de tilapia (4 onces chacun)

½ cuillère à café de cassonade ou de sucre de coco 2 cuillères à café de romarin frais, haché

1/3 tasse de pacanes crues, hachées

Une pincée de poivre de Cayenne

1 ½ cuillère à café d'huile d'olive

1 gros blanc d'oeuf

1/8 cuillère à café de sel

1/3 tasse de chapelure panko, de préférence du blé entierDirections:

1. Préchauffer le four à 350F.

2. Mélangez les noix de pécan avec la chapelure, le sucre de cocotier, le romarin, le poivre de Cayenne et le sel dans un petit plat allant au four. Ajouter l'huile d'olive; lancer

3. Cuire au four pendant 7 à 8 minutes, jusqu'à ce que le mélange soit légèrement doré.

4. Ajustez la chaleur à 400 F et enduisez un grand plat de cuisson en verre d'enduit à cuisson.

5. Battez le blanc d'œuf dans le bol peu profond. Travailler par lots ; tremper le poisson (un tilapia à la fois) dans le blanc d'œuf, puis enrober légèrement du mélange de noix de pécan. Placer les filets enrobés dans le plat allant au four.

6. Presser le reste du mélange de noix de pécan sur les filets de tilapia.

7. Cuire au four pendant 8 à 10 minutes. Servir immédiatement et déguster.

<u>Information nutritionnelle:</u>kcal 222 Lipides : 10 g Fibres : 2 g Protéines : 27 g

Portions de tortilla aux haricots noirs : 2

Temps de cuisson : 0 minutes

Ingrédients:

¼ tasse de maïs

1 poignée de basilic frais

½ tasse de roquette

1 cuillère de levure nutritionnelle

¼ tasse de haricots noirs en conserve

1 pêche, tranchée

1 cuillère à café de jus de citron

2 tortillas sans gluten

Directions:

1. Répartissez les haricots, le maïs, la roquette et les pêches entre les deux tortillas.

2. Garnir chaque tortilla de la moitié du basilic frais et du jus de citronInformation nutritionnelle:Glucides totaux 44 g Fibres alimentaires : 7 g Protéines : 8 g Lipides totales : 1 g Calories : 203

Poulet aux haricots blancs et légumes verts d'hiver

Portions : 8

Temps de cuisson : 45 minutes

Ingrédients:

4 gousses d'ail

1 cuillère à soupe d'huile d'olive

3 panais moyens

1 kg de petits cubes de poulet

1 cuillère à café de poudre de cumin

2 drains et 1 côté vert

2 carottes (coupées en cubes)

1 ¼ de haricots blancs (trempés toute la nuit)

½ cuillère à café d'origan séché

2 cuillères à café de sel casher

Feuilles de coriandre

1 1/2 cuillères à soupe de piments ancho moulus

Directions:

1. Cuire l'ail, le poireau, le poulet et l'huile d'olive dans une grande casserole à feu moyen pendant 5 minutes.

2. Ajoutez maintenant les carottes et les panais, et après avoir mélangé pendant 2 minutes, ajoutez tous les ingrédients de l'assaisonnement.

3. Mélangez jusqu'à ce que le parfum commence à en sortir.

4. Ajoutez maintenant les haricots et 5 tasses d'eau dans la casserole.

5. Portez à ébullition et réduisez le feu.

6. Laissez bouillir environ 30 minutes et décorez de feuilles de persil et de coriandre.

Information nutritionnelle:Calories 263 Glucides : 24 g Lipides : 7 g Protéines : 26 g

Portions de saumon au four aux herbes : 2

Temps de cuisson : 15 minutes

Ingrédients:

10 oz. Filet de saumon

1 cuillère à soupe d'huile d'olive

1 cuillère de miel

1 cuillère à soupe d'estragon frais

1/8 c. Sel

2 cuillères à café de moutarde de Dijon

¼ c. Thym, sec

¼ c. Origan, séché

Directions:

1. Préchauffer le four à 425˚F.

2. Après cela, mélangez tous les ingrédients sauf le saumon dans un bol de taille moyenne.

3. Versez maintenant ce mélange uniformément sur le saumon.

4. Ensuite, déposez le saumon côté peau vers le bas sur la plaque recouverte de papier sulfurisé.

5. Enfin, faites cuire au four pendant 8 minutes ou jusqu'à ce que le poisson se défasse.

Information nutritionnelle:Calories : 239 Kcal Protéines : 31 g Glucides : 3 g Lipides : 11 g

Salade de poulet au yaourt grec

Ingrédients:

Poulet émincé

pomme verte

oignon rouge

Céleri

Myrtilles séchées

Directions:

1. Servir du poulet avec du yaourt grec aux légumes verts est une excellente chose à préparer pour le déjeuner. Vous pouvez le mettre dans un mélange artisanal et manger exactement cela, ou vous pouvez le mettre dans un compartiment de super préparation avec plus de légumes, de chips, etc. Voici quelques recommandations de service.

2. Sur des toasts

3. Dans une tortilla avec de la laitue

4. Avec des chips ou du sel

5. Dans de la laitue iceberg (le choix faible en glucides !)

Salade de pois chiches hachés

Ingrédients:

1 avocat

1/2 croustillant de citron

1 boîte de pois chiches égouttés (19 oz)

1/4 tasse d'oignon rouge haché

2 tasses de tomates raisins hachées

2 tasses de concombres coupés en dés

1/2 tasse de persil croustillant

3/4 tasse de poivron vert coupé en dés

pansement

1/4 tasse d'huile d'olive

2 cuillères à soupe de vinaigre de vin rouge

1/2 cuillère à café de cumin

sel et poivre

Directions:

1. Coupez l'avocat en carrés 3D et placez-le dans un bol. Pressez le jus d'un demi-citron sur l'avocat et mélangez doucement pour raffermir.

2. Ajoutez le reste du mélange de verdure et mélangez délicatement.

3. Réfrigérer quand même une heure avant de servir.

Portions de salade valencienne : 10

Temps de cuisson : 0 minutes

Ingrédients:

1 cuillère à soupe d'olives Kalamata dans l'huile, dénoyautées, légèrement égouttées, coupées en deux, coupées en julienne

1 tête, petite laitue roumaine, rincée, séchée par centrifugation, tranchée en gros morceaux

½ morceau, petite échalote, en julienne

1 cuillère à soupe de moutarde de Dijon

½ satsuma ou petite mandarine, chair uniquement

1 cuillère à soupe de vinaigre de vin blanc

1 cuillère à soupe d'huile d'olive extra vierge

1 pincée de thym frais haché

Une pincée de sel marin

Une pincée de poivre noir, au goût

Directions:

1. Mélangez le vinaigre, l'huile, le thym frais, le sel, la moutarde, le poivre noir et le miel, le cas échéant. Bien battre jusqu'à ce que la vinaigrette émulsionne un peu.

2. Mélangez le reste des ingrédients de la salade dans un bol à salade.

3. Arrosez de vinaigrette au moment de servir. Servir aussitôt avec 1 tranche de pain avec de la pâte sans sucre ou salée.

Information nutritionnelle:Calories 238 Glucides : 23 g Lipides : 15 g Protéines : 8 g

Mangez vos portions de soupe aux légumes verts : 4

Temps de préparation : 20 minutes

Ingrédients:

¼ tasse d'huile d'olive extra vierge

2 poireaux, parties blanches seulement, tranchés finement

1 bulbe de fenouil, paré et tranché finement

1 gousse d'ail, pelée

1 botte de bette à carde, hachée grossièrement

4 tasses de chou frisé grossièrement haché

4 tasses de feuilles de moutarde hachées grossièrement

3 tasses de bouillon de légumes

2 cuillères à soupe de vinaigre de cidre de pomme

1 cuillère à café de sel

¼ cuillère à café de poivre noir fraîchement moulu

¼ tasse de noix de cajou hachées (facultatif)

Directions:

1. Faites chauffer l'huile à feu vif dans une grande casserole.

2. Ajoutez le poireau, le fenouil et l'ail et faites revenir jusqu'à ce qu'ils soient tendres, environ 5 minutes.

3. Ajoutez la bette à carde, le chou frisé et les feuilles de moutarde et faites sauter jusqu'à ce que les feuilles soient fanées, 2 à 3 minutes.

4. Ajoutez le bouillon et faites bouillir.

5. Faire bouillir en 5 minutes.

6. Ajoutez le vinaigre, le sel, le poivre et les noix de cajou (si vous en utilisez).

7. Réduire en purée lisse la soupe à l'aide d'un mixeur plongeant et servir.

<u>Information nutritionnelle:</u>Calories 238 Lipides totaux : 14 g Glucides totaux : 22 g Sucre : 4 g Fibres : 6 g Protéines : 9 g Sodium : 1294 mg

Portions de saumon miso et haricots verts : 4

Temps de cuisson : 25 minutes

Ingrédients:

1 cuillère à soupe d'huile de sésame

1 kilogramme de haricots verts, parés

1 livre de filets de saumon avec la peau, coupés en 4 steaks ¼ tasse de miso blanc

2 cuillères à café de tamari ou de sauce soja sans gluten 2 thé vert tranché finement

Directions:

1. Préchauffer le four à 400°F. Graisser la plaque à pâtisserie avec de l'huile.

2. Placez les haricots verts, puis le saumon sur les haricots verts et badigeonnez chaque morceau de miso.

3. Rôtir en 20 à 25 minutes.

4. Saupoudrer de tamari, arroser de thé et servir.

<u>Information nutritionnelle:</u>Calories 213 Lipides totaux : 7 g Glucides totaux : 13 g Sucre : 3 g Fibres : 5 g Protéines : 27 g Sodium : 989 mg

Portions de soupe aux poireaux, poulet et épinards : 4

Temps de cuisson : 15 minutes

Ingrédients:

3 cuillères à soupe de beurre non salé

2 poireaux, parties blanches seulement, tranchés finement

4 tasses de pousses d'épinards

4 tasses de soupe au poulet

1 cuillère à café de sel

¼ cuillère à café de poivre noir fraîchement moulu

2 tasses de poulet rôti émincé

1 cuillère à soupe de ciboulette fraîche émincée

2 cuillères à café de zeste de citron râpé ou haché

Directions:

1. Faites fondre le beurre à feu vif dans une grande casserole.

2. Ajouter les poireaux et faire revenir jusqu'à ce qu'ils soient tendres et commencent à dorer, 3

à 5 minutes.

3. Ajoutez les épinards, le bouillon, le sel et le poivre et portez à ébullition.

4. Laisser mijoter à feu doux pendant 1 à 2 minutes.

5. Ajoutez le poulet et laissez cuire 1 à 2 minutes.

6. Saupoudrer de ciboulette et de zeste de citron et servir.

<u>Information nutritionnelle:</u>Calories 256 Lipides totaux : 12 g Glucides totaux : 9 g Sucre : 3 g Fibres : 2 g Protéines : 27 g Sodium : 1483 mg

Portions de bombes au chocolat noir : 24

Temps de cuisson : 5 minutes

Ingrédients:

1 tasse de crème épaisse

1 tasse de fromage à la crème ramolli

1 cuillère à café d'essence de vanille

1/2 tasse de chocolat noir

2 oz. patience

Directions:

1. Faites fondre le chocolat dans un bol en le chauffant au micro-ondes.

2. Battez le reste des ingrédients dans un mixeur jusqu'à consistance mousseuse, puis incorporez le chocolat fondu.

3. Mélangez bien, puis répartissez le mélange dans un moule à muffins recouvert de moules à muffins.

4. Réfrigérer 3 heures.

5. Servir.

Information nutritionnelle:Calories 97 Lipides 5 g, Glucides 1 g, Protéines 1 g, Fibres 0 g

Portions de poivrons farcis italiens : 6

Temps de préparation : 40 minutes

Ingrédients:

1 cuillère à café de poudre d'ail

1/2 tasse de mozzarella, râpée

1 livre. viande hachée maigre

1/2 tasse de parmesan

3 poivrons, coupés en deux dans le sens de la longueur, tiges, graines et côtes retirées

1 paquet (10 oz) d'épinards surgelés

2 tasses de sauce marinara

1/2 cuillère à café de sel

1 cuillère à café d'épices italiennes

Directions:

1. Enduire une plaque à pâtisserie recouverte de papier d'aluminium d'un spray antiadhésif. Disposez les poivrons sur la plaque à pâtisserie.

2. Ajoutez la dinde dans une poêle antiadhésive et faites cuire à feu moyen jusqu'à ce qu'elle ne soit plus rose.

3. Une fois presque terminé, ajoutez 2 tasses de sauce marinara et les assaisonnements. Cuire environ 8 à 10 minutes.

4. Ajoutez les épinards avec 1/2 tasse de parmesan. Mélanger jusqu'à ce que le tout soit bien mélangé.

5. Ajoutez une demi-tasse de mélange de viande à chaque poivron et répartissez le fromage entre eux. Préchauffez le four à 450F.

6. Faites cuire les poivrons pendant environ 25 à 30 minutes. Refroidir et servir.

Information nutritionnelle:150 calories 2 g de matières grasses 11 g de glucides totaux 20 g de protéines

Truite fumée enveloppée dans des portions de laitue : 4

Temps de cuisson : 45 minutes

Ingrédients:

¼ tasse de frites avec du sel

1 tasse de tomates raisins

½ tasse de feuilles de basilic

16 feuilles de laitue petites et moyennes

1/3 tasse de piment asiatique doux

2 carottes

1/3 tasse d'échalotes (tranchées finement)

¼ tasse de jalapenos tranchés finement

1 cuillère de sucre

2 à 4,5 onces de truite fumée sans peau

2 cuillères à soupe de jus de citron frais

1 concombre

Directions:

1. Coupez les carottes et les concombres en fines lanières.

2. Faites mariner ces légumes 20 minutes avec le sucre, la sauce de poisson, le jus de citron, les échalotes et les piments jalapeno.

3. Ajoutez les morceaux de truite et autres herbes à ce mélange de légumes et remuez.

4. Filtrez l'eau du mélange de légumes et de truite et mélangez à nouveau.

5. Disposez les feuilles de laitue dans une assiette et transférez-y la salade de truite.

6. Garnissez cette salade de cacahuètes et de sauce chili.

<u>Information nutritionnelle:</u>Calories 180 Glucides : 0 g Lipides : 12 g Protéines : 18 g

Ingrédients pour la salade aux œufs à la diable :

12 énormes œufs

1/4 tasse d'oignon vert haché

1/2 tasse de céleri haché

1/2 tasse de poivron rouge haché

2 cuillères à soupe de moutarde de Dijon

1/3 tasse de mayonnaise

1 cuillère à soupe de jus, de vin blanc ou de vinaigre de Xérès 1/4 cuillère à café de Tabasco ou autre sauce piquante (assez au goût) 1/2 cuillère à café de paprika (assez au goût) 1/2 cuillère à café de poivre noir (assez au goût) 1/4 cuillère à café de sel (plus à goûter)

Directions:

1. Faites chauffer des œufs durs : Le moyen le plus simple de préparer des œufs durs qui ne sont pas difficiles à retirer est de les cuire à la vapeur.

Remplissez une casserole avec 1 pouce d'eau et ajoutez un cuiseur vapeur. (Si vous n'avez pas de cuiseur vapeur, ce n'est pas un problème.) 2. Faites chauffer l'eau jusqu'à ébullition, placez délicatement les œufs dans le cuiseur vapeur ou directement dans la casserole. Tendez le pot. Réglez votre minuterie sur 15 minutes. Égouttez les œufs et placez-les dans de l'eau froide avec le virus pour qu'ils refroidissent.

3. Préparez les œufs et les légumes : Battez grossièrement les œufs et placez-les dans un grand bol. Incluez les oignons verts, le céleri et le poivron rouge.

4. Préparez l'assiette de mesclun : Dans un petit bol, mélangez la mayonnaise, la moutarde, le vinaigre et le Tabasco. Mélangez délicatement la sauce mayo dans le bol avec les œufs et les légumes. Incluez le paprika, le sel et le poivre noir. Changez les assaisonnements selon votre goût.

Poulet au four avec tamari au sésame et haricots verts

Portions : 4

Temps de cuisson : 45 minutes

Ingrédients:

1 kilogramme de haricots verts, parés

4 poitrines de poulet avec os, avec la peau

2 cuillères à soupe de miel

1 cuillère à soupe d'huile de sésame

1 cuillère à soupe de tamari ou de sauce soja sans gluten 1 tasse de bouillon de poulet ou de légumes

Directions:

1. Préchauffer le four à 400°F.

2. Disposez les haricots verts sur une grande plaque à pâtisserie à rebords.

3. Placez le poulet, peau vers le haut, sur les haricots.

4. Arroser de miel, d'huile et de tamari. Ajoutez le bouillon.

5. Rôtir pendant 35 à 40 minutes. Sortez-le, laissez-le reposer 5 minutes et servez.

Information nutritionnelle:Calories 378 Lipides totaux : 10 g Glucides totaux : 19 g Sucre : 10 g Fibres : 4 g Protéines : 54 g Sodium : 336 mg

Ragoût de poulet au gingembre Portions : 6

Temps de préparation : 20 minutes

Ingrédients:

¼ tasse de filets de cuisse de poulet coupés en dés

¼ tasse de nouilles aux œufs bouillies

1 papaye non mûre, pelée et coupée en dés

1 tasse de bouillon de poulet faible en sodium et en gras

1 médaillon de gingembre, pelé, écrasé

poudre d'oignon en pointillés

poudre d'ail, ajoutez-en si vous le souhaitez

1 tasse d'eau

1 cuillère à soupe de sauce de poisson

une pincée de poivre blanc

1 morceau de petit piment oiseau, haché

Directions:

1. Placez toutes les fixations dans une grande cocotte à feu vif. Bouillir.

Réduire le feu au réglage le plus bas. Mettez le couvercle.

2. Laissez cuire le ragoût pendant 20 minutes ou jusqu'à ce que la papaye soit tendre à la fourchette.

Éteignez le feu. A manger tel quel ou avec ½ tasse de riz cuit. Servir chaud.

<u>Information nutritionnelle:</u>Calories 273 Glucides : 15 g Lipides : 9 g Protéines : 33 g

Ingrédients pour la salade crémeuse de pois chiches :

Assiette de mesclun

2 pots de 14 oz Naut

3/4 tasse de petits boucliers de carottes

3/4 tasse de petites branches de céleri

3/4 tasse de poivron Petits shakers

1 oignon vert cassé

1/4 tasse d'oignon rouge

1/2 gros avocat

6 onces de tofu lisse

1 cuillère à soupe de vinaigre de cidre de pomme

1 cuillère à soupe de jus de citron

1 cuillère à soupe de moutarde de Dijon

1 cuillère de goût sucré

1/4 cuillère à café de paprika fumé

1/4 cuillère à café de graines de céleri

1/4 cuillère à café de poivre noir

1/4 cuillère à café de moutarde en poudre

Sel de mer au goût

Corrections de sandwichs

Pain de blé entier

Coupez les tomates Roma

Laitue au beurre

Directions:

1. Préparez et hachez vos carottes, céleri, ciboulette, oignon rouge et oignon vert et placez-les dans un petit bol à mélanger. Mettre dans un endroit sûr.

2. À l'aide d'un petit mixeur plongeant ou d'un robot culinaire, mélangez l'avocat, le tofu, le vinaigre de cidre de pomme, le jus de citron et la moutarde jusqu'à consistance lisse.

3. Égouttez et lavez les pois chiches et placez-les dans un bol à mélanger moyen. Avec un presse-purée ou une fourchette, écrasez les haricots jusqu'à ce que la plupart soient séparés et commencent à prendre la forme de l'assiette de poisson composée de mesclun. Vous n'avez pas besoin qu'il

soit lisse, mais fini et solide. Assaisonnez les haricots avec une pincée de sel et de poivre.

4. Ajoutez les légumes cassés, la crème avocat-tofu et le reste des arômes et dégustez en mélangeant bien. Goûtez et modifiez selon vos envies.

Nouilles de carottes avec sauce aux arachides et au gingembre et au citron vert

Ingrédients:

Pour les pâtes aux carottes :

5 grosses carottes, pelées et coupées en julienne ou coupées en fines lanières en spirale 1/3 tasse (50 g) de noix de cajou cuites

2 cuillères à soupe de coriandre fraîche, finement hachée

Pour la sauce gingembre-cacahuète :

2 cuillères à soupe de tartinade riche aux noix

4 cuillères à soupe de lait de coco ordinaire

Pressez le poivre de Cayenne

2 grosses gousses d'ail, hachées finement

1 cuillère à soupe de gingembre frais, mariné et moulu 1 cuillère à soupe de jus de citron

Sel au goût

Directions:

1. Mélangez tous les ingrédients de la sauce dans un petit bol et mélangez jusqu'à obtenir une consistance lisse et riche et réservez dans un endroit sûr pendant que vous coupez en julienne/spirale les carottes.

2. Dans un grand bol de service, mélanger délicatement les carottes et la sauce jusqu'à ce qu'elles soient uniformément enrobées. Garnir de noix de cajou grillées (ou de noisettes) et de coriandre fraîche hachée.

Légumes rôtis aux patates douces et haricots blancs

Portions : 4

Temps de cuisson : 25 minutes

Ingrédients:

2 petites patates douces, coupées en dés

½ oignon rouge, coupé en dés ¼ de pouce

1 carotte moyenne, pelée et tranchée finement

4 onces de haricots verts, parés

¼ tasse d'huile d'olive extra vierge

1 cuillère à café de sel

¼ cuillère à café de poivre noir fraîchement moulu

1 boîte (15½ onces) de haricots blancs, égouttés et rincés 1 cuillère à soupe de zeste de citron haché ou râpé

1 cuillère à soupe d'aneth fraîchement haché

Directions:

1. Préchauffer le four à 400°F.

2. Mélangez la patate douce, l'oignon, la carotte, les haricots verts, l'huile, le sel et le poivre dans un grand plat allant au four à rebords et mélangez bien. Disposer en une seule couche.

3. Rôtir jusqu'à ce que les légumes soient tendres, 20 à 25 minutes.

4. Ajoutez les haricots blancs, le zeste de citron et l'aneth, mélangez bien et servez.

<u>Information nutritionnelle:</u>Calories 315 Lipides totaux : 13 g Glucides totaux : 42 g Sucre : 5 g Fibres : 13 g Protéines : 10 g Sodium : 632 mg

Portions de salade de chou : 1

Temps de cuisson : 0 minutes

Ingrédients:

1 tasse de chou frisé frais

½ tasse de myrtilles

½ tasse de cerises dénoyautées coupées en deux

¼ tasse de bleuets séchés

1 cuillère à soupe de graines de sésame

2 cuillères à soupe d'huile d'olive

Jus de 1 citron

Directions:

1. Mélangez l'huile d'olive et le jus de citron, puis mélangez le chou dans la vinaigrette.

2. Placer les feuilles de chou frisé dans un bol à salade et garnir de bleuets frais, de cerises et de canneberges.

3. Couvrir de graines de sésame.

Information nutritionnelle:Glucides totaux 48 g Fibres alimentaires : 7 g

Protéines : 6 g Lipides totales : 33 g Calories : 477

Portions de verre réfrigéré à la noix de coco et aux noisettes : 1

Temps de cuisson : 0 minutes

Ingrédients:

½ tasse de lait d'amande de coco

¼ tasse de noisettes hachées

1 tasse et demie d'eau

1 paquet de stévia

Directions:

1. Ajoutez les ingrédients répertoriés dans le mélangeur

2. Mélangez jusqu'à obtenir une consistance lisse et crémeuse. 3. Servez froid et dégustez !

Information nutritionnelle:Calories : 457 Lipides : 46 g Glucides : 12 g Protéines : 7 g

Haricots pois chiches et épinards réfrigérés

Portions : 4

Temps de cuisson : 0 minutes

Ingrédients:

1 cuillère à soupe d'huile d'olive

½ oignon, coupé en dés

10 onces d'épinards, hachés

12 onces de pois chiches

½ cuillère à café de cumin

Directions:

1. Prenez une poêle et ajoutez l'huile d'olive, laissez chauffer à feu moyen-doux 2. Ajoutez l'oignon, les pois chiches et laissez cuire 5 minutes 3. Mélangez les épinards, le cumin, les pois chiches et assaisonnez avec du sel 4. Utilisez une cuillère pour écraser doucement

5. Faites bien cuire jusqu'à ce que le tout soit bien chaud, dégustez !

<u>Information nutritionnelle:</u>Calories : 90 Lipides : 4 g Glucides : 11 g Protéines : 4 g

Feuilles de taro à la sauce noix de coco Portions : 5

Temps de préparation : 20 minutes

Ingrédients:

4 tasses de feuilles de taro séchées

2 boîtes de crème de coco, divisées

¼ tasse de porc haché, 90 % maigre

1 cuillerée de pâte de crevettes

1 kilo d'oeil d'oiseau, haché

Directions:

1. À l'exception d'une boîte de crème de coco, placez tous les ingrédients dans une mijoteuse à feu moyen. Couverture sécurisée. Cuire sans être dérangé pendant 3 à 3 1/2 heures.

2. Versez le reste de la boîte de crème de coco avant d'éteindre le feu. Mélangez et servez.

<u>Information nutritionnelle:</u>Calories 264 Glucides : 8 g Lipides : 24 g Protéines : 4 g

Portions de tofu et légumes verts frits : 4

Temps de préparation : 20 minutes

Ingrédients:

3 tasses de bébés épinards ou de chou frisé

1 cuillère à soupe d'huile de sésame

1 cuillère à soupe de gingembre émincé

1 gousse d'ail, hachée

1 livre de tofu ferme, coupé en cubes de 1 pouce

1 cuillère à soupe de tamari ou de sauce soja sans gluten ¼ cuillère à café de flocons de piment rouge (facultatif)

1 cuillère à café de vinaigre de riz

2 thé, tranché finement

Directions:

1. Préchauffer le four à 400°F.

2. Mélangez les épinards, l'huile, le gingembre et l'ail sur une grande plaque à pâtisserie à rebords.

3. Cuire au four jusqu'à ce que les épinards soient fanés, 3 à 5 minutes.

4. Ajoutez le tofu, le tamari et les flocons de piment rouge (le cas échéant) et mélangez bien.

5. Cuire au four jusqu'à ce que le tofu commence à dorer, 10 à 15 minutes.

6. Garnir de vinaigre et de thé et servir.

Information nutritionnelle:Calories 121 Lipides totaux : 8 g Glucides totaux : 4 g Sucre : 1 g Fibres : 2 g Protéines : 10 g Sodium : 258 mg

Tofu épicé au brocoli, au chou-fleur et à l'oignon rouge

Portions : 2

Temps de cuisson : 25 minutes

Ingrédients:

2 tasses de fleurons de brocoli

2 tasses de fleurons de chou-fleur

1 oignon rouge moyen, coupé en dés

3 cuillères à soupe d'huile d'olive extra vierge

1 cuillère à café de sel

¼ cuillère à café de poivre noir fraîchement moulu

1 livre de tofu ferme, coupé en cubes de 1 pouce

1 gousse d'ail, hachée

1 morceau (¼ de pouce) de gingembre frais, émincé

Directions:

1. Préchauffer le four à 400°F.

2. Mélanger le brocoli, le chou-fleur, l'oignon, l'huile, le sel et le poivre dans un grand plat allant au four à rebords et bien mélanger.

3. Rôtir jusqu'à ce que les légumes soient tendres, 10 à 15 minutes.

4. Ajouter le tofu, l'ail et le gingembre. Faire frire en 10 minutes.

5. Mélangez délicatement les ingrédients sur la plaque à pâtisserie pour combiner le tofu avec les légumes et servez.

Information nutritionnelle:Calories 210 Lipides totaux : 15 g Glucides totaux : 11 g Sucre : 4 g Fibres : 4 g Protéines : 12 g Sodium : 626 mg

Portions dans la poêle avec haricots et saumon : 4

Temps de cuisson : 25 minutes

Ingrédients:

1 tasse de haricots noirs en conserve, égouttés et rincés 4 gousses d'ail hachées

1 oignon jaune, haché

2 cuillères à soupe d'huile d'olive

4 filets de saumon, désossés

½ cuillère à café de coriandre moulue

1 cuillère à café de poudre de curcuma

2 tomates, coupées en dés

½ tasse de bouillon de poulet

Une pincée de sel et de poivre noir

½ cuillère à café de graines de cumin

1 cuillère à soupe de ciboulette hachée

Directions:

1. Faites chauffer une poêle avec de l'huile à feu moyen, ajoutez l'oignon et l'ail et faites revenir pendant 5 minutes.

2. Ajoutez le poisson et faites-le frire 2 minutes de chaque côté.

3. Ajoutez les haricots et les autres ingrédients, remuez doucement et laissez cuire encore 10 minutes.

4. Répartissez le mélange dans les assiettes et servez immédiatement pour le déjeuner.

Information nutritionnelle:calories 219, lipides 8, fibres 8, glucides 12, protéines 8

Portions de soupe aux carottes : 4

Temps de préparation : 40 minutes

Ingrédients:

1 tasse de courge musquée, hachée

1 cuillère. Huile d'olive

1 cuillère. Poudre de curcuma

14 ½ onces. Lait de coco, facile

3 tasses de carottes hachées

1 poireau rincé et tranché

1 cuillère. Gingembre, râpé

3 tasses de bouillon de légumes

1 tasse de fenouil, haché

Sel et poivre, au goût

2 gousses d'ail, hachées

Directions:

1. Commencez par chauffer une cocotte à feu moyen-vif.

2. Versez-y l'huile puis ajoutez le fenouil, les courgettes, les carottes et les poireaux. Bien mélanger.

3. Maintenant, faites-le revenir pendant 4 à 5 minutes ou jusqu'à ce qu'il soit tendre.

4. Ajoutez ensuite le curcuma, le gingembre, le poivre et l'ail. Cuire encore 1 à 2 minutes.

5. Versez-y ensuite le bouillon et le lait de coco. Mélangez bien.

6. Après cela, portez le mélange à ébullition et couvrez la cocotte.

7. Laissez bouillir 20 minutes.

8. Une fois cuit, transférer le mélange dans un mélangeur à grande vitesse et mélanger pendant 1 à 2 minutes ou jusqu'à consistance lisse et crémeuse.

9. Vérifiez l'assaisonnement et ajoutez du sel et du poivre si nécessaire.

Information nutritionnelle:Calories : 210,4 Kcal Protéines : 2,11 g Glucides : 25,64 g Lipides : 10,91 g

Portions de salade de pâtes saine : 6

Temps de préparation : 10 minutes

Ingrédients:

1 paquet de pâtes fusilli sans gluten

1 tasse de tomates raisins, tranchées

1 poignée de coriandre fraîche hachée

1 tasse d'olives, coupées en deux

1 tasse de basilic frais, haché

½ tasse d'huile d'olive

Sel de mer au goût

Directions:

1. Mélangez l'huile d'olive, le basilic haché, la coriandre et le sel marin.

Mettre de côté.

2. Faites cuire les pâtes selon les instructions sur l'emballage, égouttez et rincez.

3. Mélangez les pâtes avec les tomates et les olives.

4. Ajoutez le mélange d'huile d'olive et mélangez jusqu'à ce que le tout soit bien mélangé.

Information nutritionnelle:Glucides totaux 66 g Fibres alimentaires : 5 g Protéines : 13 g Lipides totales : 23 g Calories : 525

Curry de pois chiches Portions : 4 à 6

Temps de cuisson : 25 minutes

Ingrédients:

2 × 15 onces. Pois chiches, lavés, égouttés et bouillis 2 cuillères à soupe.

Huile d'olive

1 cuillère. Poudre de curcuma

½ d'un oignon, coupé en dés

1 cuillère à soupe de poivre de Cayenne moulu

4 gousses d'ail, hachées

2 cuillères à café de poudre de chili

15 onces. Purée de tomates

Poivre noir, si besoin

2 cuillères. Pâte de tomate

1 cuillère à soupe de poivre de Cayenne moulu

½ c. Essence de sirop d'érable

½ d'un 15 onces. boîte de lait de coco

2 cuillères à café de cumin moulu

2 cuillères à café de paprika fumé

Directions:

1. Faites chauffer une grande poêle à feu moyen-vif. Pour cela, versez l'huile.

2. Une fois l'huile chaude, incorporez l'oignon et laissez cuire 3 à 4 minutes.

minutes ou jusqu'à ce qu'ils soient tendres.

3. Ajoutez ensuite le concentré de tomates, le sirop d'érable, toutes les épices, la purée de tomates et l'ail. Bien mélanger.

4. Ajoutez ensuite les pois chiches cuits ainsi que le lait de coco, le poivre noir et le sel.

5. Maintenant, mélangez bien le tout et laissez bouillir pendant 8 à 10 minutes.

minutes ou jusqu'à épaississement.

6. Arrosez-le de jus de citron et décorez de coriandre, si vous le souhaitez.

Information nutritionnelle:Calories : 224 Kcal Protéines : 15,2 g Glucides : 32,4 g Lipides : 7,5 g

Viande hachée Stroganoff Ingrédients :

1 kg de viande maigre hachée

1 petit oignon coupé en dés

1 gousse d'ail émincée

3/4 lb de champignons frais, tranchés

3 cuillères à soupe de farine

2 tasses de soupe à la viande

sel et poivre au goût

2 cuillères à café de sauce Worcestershire

3/4 tasse de crème épaisse

2 cuillères à soupe de persil frais

Directions:

1. Hamburger haché foncé, oignon et ail (en prenant soin de ne rien casser sur le dessus) dans un bol jusqu'à ce qu'ils ne soient plus roses. Gros canal.

2. Ajoutez les champignons hachés et laissez cuire 2-3 minutes. Incorporer la farine et cuire 1 minute progressivement.

3. Ajoutez le bouillon, la sauce Worcestershire, le sel et le poivre et portez à ébullition. Réduisez le feu et laissez mijoter au moins 10 minutes.

Faites cuire les nouilles aux œufs comme indiqué dans les titres de l'emballage.

4. Retirez le mélange de viande du feu, incorporez la crème épaisse et le persil.

5. Servir sur des nouilles aux œufs.

Portions de côtes levées : 4

Temps de cuisson : 65 minutes

Ingrédients:

2 livres. côtes levées de bœuf

1 ½ cuillère à café d'huile d'olive

1 ½ cuillère à café de sauce soja

1 cuillère à soupe de sauce Worcestershire

1 cuillère à soupe de stévia

1 ¼ tasse d'oignon haché.

1 cuillère à café d'ail émincé

1/2 tasse de vin rouge

⅓ tasse de ketchup sans sucre

Sel et poivre noir au goût

Directions:

1. Coupez les côtes en 3 segments et frottez-les avec du poivre noir et du sel.

2. Ajoutez de l'huile dans l'Instant Pot et appuyez sur Saute.

3. Mettez les côtes levées dans l'huile et faites-les revenir 5 minutes de chaque côté.

4. Incorporer l'oignon et faire revenir pendant 4 minutes.

5. Incorporer l'ail et cuire 1 minute.

6. Fouettez le reste des ingrédients dans un bol et versez sur les côtes levées.

7. Placez le couvercle à pression et faites cuire 55 minutes en mode Manuel à haute pression.

8. Une fois cela fait, relâchez naturellement la pression puis retirez le bouchon.

9. Servir chaud.

Information nutritionnelle:Calories 555, glucides 12,8 g, protéines 66,7 g, lipides 22,3 g, fibres 0,9 g

Soupe au poulet et nouilles sans gluten : 4

Temps de cuisson : 25 minutes

Ingrédients:

¼ tasse d'huile d'olive extra vierge

3 branches de céleri, coupées en tranches de ¼ de pouce

2 carottes moyennes, coupées en cubes de ¼ de pouce

1 petit oignon, coupé en dés ¼ de pouce

1 brin de romarin frais

4 tasses de soupe au poulet

8 onces de penne sans gluten

1 cuillère à café de sel

¼ cuillère à café de poivre noir fraîchement moulu

2 tasses de poulet rôti en dés

¼ tasse de persil frais finement haché.

1. Faites chauffer l'huile à feu vif dans une grande casserole.

2. Ajoutez le céleri, les carottes, l'oignon et le romarin et faites revenir jusqu'à ce qu'ils soient ramollis, 5 à 7 minutes.

3. Ajoutez le bouillon, les penne, le sel et le poivre et portez à ébullition.

4. Porter à ébullition et cuire jusqu'à ce que les penne soient tendres, 8 à 10 minutes.

5. Retirez et jetez la branche de romarin et ajoutez le poulet et le persil.

6. Réduisez le feu au minimum. Cuire en 5 minutes et servir.

Information nutritionnelle:Calories 485 Lipides totaux : 18 g Glucides totaux : 47 g Sucre : 4 g Fibres : 7 g Protéines : 33 g Sodium : 1423 mg

Portions de curry de lentilles : 4

Temps de préparation : 40 minutes

Ingrédients:

2 cuillères à café de graines de moutarde

1 cuillère à soupe de curcuma moulu

1 tasse de lentilles trempées

2 cuillères à café de graines de cumin

1 tomate, grosse et hachée

1 oignon jaune, finement haché

4 tasses d'eau

Sel de mer, si nécessaire

2 carottes coupées en demi-lunes

3 poignées de feuilles d'épinards hachées

1 cuillère à soupe de gingembre haché

½ c. Poudre de chili

2 cuillères. Huile de noix de coco

Directions:

1. Tout d'abord, placez les haricots mungo et l'eau dans une casserole profonde à feu moyen-vif.

2. Maintenant, portez le mélange de haricots à ébullition et laissez mijoter.

3. Laisser mijoter à feu doux pendant 20 à 30 minutes ou jusqu'à ce que les haricots mungo soient tendres.

4. Ensuite, faites chauffer l'huile de noix de coco dans une grande casserole à feu moyen et incorporez les graines de moutarde et les graines de cumin.

5. Si les graines de moutarde apparaissent, mettez l'oignon. Faire revenir l'oignon pour 4

minutes ou jusqu'à ce qu'ils soient ramollis.

6. Mettez l'ail et continuez à faire sauter pendant encore 1 minute.

Une fois parfumé, ajoutez le curcuma et la poudre de chili.

7. Ensuite, ajoutez la carotte et la tomate. Cuire pendant 6 minutes ou jusqu'à ce qu'elles soient tendres.

8. Enfin, ajoutez les lentilles cuites et mélangez bien le tout.

9. Incorporer les feuilles d'épinards et faire revenir jusqu'à ce qu'elles soient fanées. Retirer du feu. Servez-le chaud et dégustez.

Information nutritionnelle:Calories 290 Kcal Protéines : 14 g Glucides : 43 g Lipides : 8 g

Poulet et pois mange-tout Portions : 4

Temps de préparation : 10 minutes

Ingrédients:

1 ¼ tasse de poitrine de poulet désossée et sans peau, tranchée finement 3 cuillères à soupe de coriandre fraîche, hachée

2 cuillères à soupe d'huile végétale

2 cuillères à soupe de graines de sésame

1 botte de thé vert, tranché finement

2 cuillères à café de Sriracha

2 gousses d'ail, hachées

2 cuillères à soupe de vinaigre de riz

1 poivron, tranché finement

3 cuillères à soupe de sauce soja

2½ tasses de petits pois

Sel au goût

Poivre noir fraîchement moulu, au goût

Directions:

1. Faites chauffer l'huile dans une poêle à feu moyen. Ajoutez l'ail et l'oignon coupés en fines tranches. Cuire pendant une minute, puis ajouter 2 ½ tasses de pois mange-tout et le poivron. Cuire jusqu'à ce qu'il soit tendre, seulement environ 3-4 minutes.

2. Ajouter le poulet et cuire environ 4 à 5 minutes ou jusqu'à ce qu'il soit bien cuit.

3. Ajoutez 2 cuillères à café de Sriracha, 2 cuillères à soupe de graines de sésame, 3

cuillères de sauce soja et 2 cuillères de vinaigre de riz. Remuer jusqu'à ce que le tout soit bien mélangé. Faire bouillir à feu doux pendant 2-3 minutes.

4. Ajoutez 3 cuillères à soupe de coriandre hachée et mélangez bien. Transférer et saupoudrer de graines de sésame et de coriandre, si désiré. Apprécier!

Information nutritionnelle:228 calories 11 g de matières grasses 11 g de glucides totaux 20 g de protéines

Broccolini juteux aux amandes et anchois

Portions : 6

Temps de préparation : 10 minutes

Ingrédients:

2 bouquets de brocolini, hachés

1 cuillère à soupe d'huile d'olive extra vierge

1 piment rouge frais, sans pépins, finement haché 2 gousses d'ail, tranchées finement

¼ tasse d'amandes naturelles, hachées grossièrement

2 cuillères à café de zeste de citron finement râpé

Un peu de jus de citron frais

4 anchois à l'huile, hachés

Directions:

1. Faites chauffer l'huile jusqu'à ce qu'elle soit chaude dans une grande casserole. Ajouter les anchois égouttés, l'ail, le piment et le zeste de citron. Cuire jusqu'à ce qu'il devienne aromatique, pendant 30 minutes

secondes, en remuant fréquemment. Ajoutez les amandes et poursuivez la cuisson encore une minute en remuant souvent. Retirer du feu et ajouter un filet de jus de citron frais.

2. Placez ensuite les brocolini dans un cuiseur vapeur au-dessus d'une casserole d'eau bouillante. Couvrir et cuire jusqu'à ce qu'il soit croustillant, pendant 2

à 3 minutes. Bien égoutter puis transférer dans une grande assiette de service. Garnir du mélange d'amandes. Apprécier.

Information nutritionnelle:kcal 350 Lipides : 7 g Fibres : 3 g Protéines : 6 g

Portions de shiitake et épinards : 8

Temps de cuisson : 15 minutes

Ingrédients:

1 ½ tasse de champignons shiitake, hachés

1 ½ tasse d'épinards, hachés

3 gousses d'ail hachées

2 oignons, hachés

4 cuillères à café d'huile d'olive

1 oeuf

1 ½ tasse de quinoa, cuit

1 ½ c. épices italiennes

1/3 tasse de graines de tournesol grillées, moulues

1/3 tasse de fromage Pecorino, râpé

Directions:

1. Faites chauffer l'huile d'olive dans une casserole. Une fois chauds, faites revenir les champignons shiitake pendant 3 minutes ou jusqu'à ce qu'ils

soient légèrement dorés. Ajoutez l'ail et l'oignon. Faire sauter pendant 2 minutes ou jusqu'à ce qu'il soit parfumé et translucide. Mettre de côté.

2. Dans la même casserole, faites chauffer le reste de l'huile d'olive. Ajouter les épinards. Réduisez le feu, puis laissez mijoter 1 minute, égouttez et transférez dans une passoire.

3. Hachez finement les épinards et ajoutez-les au mélange de champignons. Ajouter l'œuf au mélange d'épinards. Incorporer le quinoa cuit – assaisonner avec l'assaisonnement italien, puis mélanger jusqu'à ce que le tout soit bien mélangé. Saupoudrer de graines de tournesol et de fromage.

4. Divisez le mélange d'épinards en boulettes de viande. Faites cuire les boulettes de viande jusqu'à 5 minutes.

minutes ou jusqu'à ce qu'il soit ferme et doré. Servir avec des pains à burger.

Information nutritionnelle:Calories 43 Glucides : 9 g Lipides : 0 g Protéines : 3 g

Portions de salade de brocoli et de chou-fleur : 6

Temps de préparation : 20 minutes

Ingrédients:

¼ c. Poivre noir, moulu

3 tasses de fleurons de chou-fleur

1 cuillère. Vinaigre

1 cuillère de miel

8 tasses de chou, chou haché

3 tasses de fleurons de brocoli

4 cuillères. Huile d'olive vierge extra

½ c. Sel

1 ½ c. Moutarde de Dijon

1 cuillère de miel

½ tasse de cerises séchées

1/3 tasse de pacanes, hachées

1 tasse de fromage manchego, râpé

Directions:

1. Préchauffer le four à 450 °F et placer une plaque à pâtisserie sur la grille du milieu.

2. Après cela, placez les fleurons de chou-fleur et de brocoli dans un grand bol.

3. Ajoutez-y la moitié du sel, deux cuillères d'huile et du poivre. Jetez bien.

4. Transférez maintenant le mélange sur la plaque préchauffée et faites-le cuire au four pendant 12 minutes en le retournant une fois entre les deux.

5. Une fois tendre et doré, retirez-le du four et laissez-le refroidir complètement.

6. Pendant ce temps, mélangez les deux cuillères à soupe restantes d'huile, de vinaigre, de miel, de moutarde et de sel dans un autre bol.

7. Étalez ce mélange sur les feuilles de chou en remuant les feuilles avec vos mains. Mettez-le de côté pendant 3 à 5 minutes.

8. Enfin, ajoutez les légumes rôtis, le fromage, les cerises et les pacanes à la salade de brocoli-chou-fleur.

Information nutritionnelle:Calories : 259 Kcal Protéines : 8,4 g Glucides : 23,2 g Lipides : 16,3 g

Salade de poulet avec une touche chinoise

Portions : 3

Temps de cuisson : 25 minutes

Ingrédients:

1 oignon vert moyen (tranché finement)

2 poitrines de poulet désossées

2 cuillères à soupe de sauce soja

¼ cuillère à café de poivre blanc

1 cuillère à soupe d'huile de sésame

4 tasses de laitue romaine (hachée)

1 tasse de chou (râpé)

¼ tasse de carottes en petits dés

¼ tasse d'amandes tranchées finement

¼ tasse de nouilles (pour servir seulement)

Pour préparer la vinaigrette chinoise :

1 gousse d'ail émincée

1 cuillère à café de sauce soja

1 cuillère à soupe d'huile de sésame

2 cuillères à soupe de vinaigre de riz

1 cuillère de sucre

Directions:

1. Préparez la vinaigrette chinoise en mélangeant tous les ingrédients dans un bol.

2. Dans un bol, faire mariner la poitrine de poulet avec l'ail, l'huile d'olive, la sauce soja et le poivre blanc pendant 20 minutes.

3. Placez la plaque à pâtisserie dans le four préchauffé (à 225°C).

4. Mettez la poitrine de poulet dans la plaque à pâtisserie et faites-la cuire au four environ 20 minutes.

minutes.

5. Pour assembler la salade, mélanger la laitue romaine, le chou, les carottes et les oignons verts.

6. Pour servir, déposez un morceau de poulet dans une assiette et garnissez-le de salade. Versez un peu de vinaigrette dessus, à côté des nouilles.

Information nutritionnelle:Calories 130 Glucides : 10 g Lipides : 6 g Protéines : 10 g

Poivrons farcis à l'amarante et au quinoa

Portions : 4

Temps de cuisson : 1 heure et 10 minutes

Ingrédients:

2 cuillères à soupe d'amarante

1 courgette moyenne, coupée et râpée

2 tomates mûries sur vigne, coupées en dés

2/3 tasse (environ 135 g) de quinoa

1 oignon de taille moyenne, finement haché

2 gousses d'ail émincées

1 cuillère à café de cumin moulu

2 cuillères à soupe de graines de tournesol légèrement frites 75 g de ricotta fraîche

2 cuillères à soupe de groseilles

4 gros poivrons, coupés en deux dans le sens de la longueur et épépinés 2 cuillères à soupe de persil plat, haché grossièrement

1. Tapisser une plaque à pâtisserie, de préférence grande, de papier sulfurisé (antiadhésif) puis préchauffer le four à 350 F à l'avance. Remplissez une casserole de taille moyenne avec environ un demi-litre d'eau puis ajoutez l'amarante et le quinoa ; porter à ébullition à feu modéré. Une fois terminé, réduisez le feu à doux; couvrir et laisser mijoter jusqu'à ce que les haricots soient al dente et que l'eau soit absorbée, 12 à 15

minutes. Retirer du feu et mettre de côté.

2. Pendant ce temps, huilez légèrement une grande poêle et faites-la chauffer à feu moyen. Une fois chauds, ajoutez l'oignon et la courgette et faites cuire jusqu'à ce qu'ils soient tendres, quelques minutes, en remuant souvent. Ajouter le cumin et l'ail; cuire une minute. Enlever de la chaleur et mettre de côté pour refroidir.

3. Placer les haricots, le mélange d'oignons, les graines de tournesol, les groseilles, le persil, la ricotta et les tomates dans un bol, de préférence grand ; bien mélanger les ingrédients jusqu'à ce que le tout soit bien mélangé - assaisonner avec du poivre et du sel au goût.

4. Farcir les poivrons avec le mélange de quinoa préparé et les disposer sur la plaque à pâtisserie en recouvrant la plaque à pâtisserie de papier d'aluminium. Cuire au four pendant 17 à 20 minutes.

minutes. Retirer le papier d'aluminium et cuire au four jusqu'à ce que la garniture soit dorée et que les légumes soient tendres à la fourchette, 15 à 20 minutes de plus.

Information nutritionnelle:kcal 200 Lipides : 8,5 g Fibres : 8 g Protéines : 15 g

Filet de poisson croustillant avec croûte de fromage Portions : 4

Temps de préparation : 10 minutes

Ingrédients:

¼ tasse de chapelure de blé entier

¼ tasse de parmesan, râpé

¼ cuillère à café de sel marin ¼ cuillère à café de poivre moulu

1 cuillère à café. huile d'olive 4 filets de tilapia

Directions:

1. Préchauffer le four à 375°F.

2. Mélangez la chapelure, le parmesan, le sel, le poivre et l'huile d'olive dans un bol.

3. Bien mélanger jusqu'à ce que le tout soit bien mélangé.

4. Enduisez les filets du mélange et placez-les chacun sur une plaque à pâtisserie légèrement vaporisée.

5. Mettez la plaque au four.

6. Cuire au four 10 minutes jusqu'à ce que les filets soient cuits et dorés.

Information nutritionnelle:Calories : 255 Lipides : 7 g Protéines : 15,9 g

Glucides : 34 g Fibres : 2,6 g

Haricots protéinés et coquilles vertes farcies

Ingrédients:

Du vrai sel ou du sel de mer

Huile d'olive

12 onces. paquet de palourdes de taille (environ 40) 1 lb. épinards fendus solidifiés

2 à 3 gousses d'ail, pelées et divisées

15 à 16 onces. cheddar ricotta (idéalement entier/lait entier) 2 œufs

1 boîte de haricots blancs (cannellini par exemple), égouttés et rincés

½ tasse de pesto vert, préparé sur commande ou acheté localement Poivre noir moulu

3 tasses (ou plus) de sauce marinara

Pecorino Cheddar ou parmesan râpé (facultatif) Instructions :

1. Dans tous les cas, faites chauffer 5 litres d'eau jusqu'à ébullition dans une énorme marmite (ou travaillez en deux morceaux plus petits). Incluez une cuillère à soupe de sel, un filet d'huile d'olive et les écorces. Faites bouillir pendant environ 9 minutes (ou jusqu'à ce qu'elles soient encore un peu fermes), en remuant de temps en temps pour garder les peaux isolées.

Égouttez délicatement les peaux dans une passoire ou retirez-les de l'eau avec une écumoire. Laver rapidement à l'eau froide. Tapisser une plaque à pâtisserie à rebords de film alimentaire. Une fois que les pelures sont suffisamment froides pour être manipulées, séparez-les à la main, en jetant l'eau supplémentaire et en plaçant l'ouverture en une seule couche sur le récipient en feuille. Étaler progressivement avec du film plastique une fois pratiquement refroidi.

2. Versez quelques litres d'eau (ou utilisez les restes d'eau des pâtes si vous ne l'avez pas jetée) dans un flacon dans une casserole similaire. Ajouter les épinards flétris et cuire trois minutes à puissance maximale, jusqu'à ce qu'ils soient tendres. Tapisser la passoire de papier absorbant humide, si les trous sont énormes, égouttez ensuite les épinards. Placez une passoire sur un bol pour égoutter davantage pendant que vous commencez le remplissage.

3. Ajoutez juste l'ail dans un robot culinaire et mélangez jusqu'à ce qu'il soit finement haché et accroché aux côtés. Raclez les parois du bol, ajoutez ensuite la ricotta, les œufs, les haricots, le pesto, 1½

cuillères à café de sel et quelques grains de poivre (une pression importante). Pressez les épinards dans votre main pour bien égoutter l'eau restante, puis ajoutez-les aux différents ingrédients du robot culinaire. Mélangez jusqu'à ce qu'il soit presque lisse, avec quelques morceaux d'épinards encore visibles. J'ai tendance à ne pas goûter après l'inclusion de l'œuf cru, mais si vous pensez que son goût fondamental est faible et que vous modifiez la saveur au goût.

4. Préchauffer le gril à 350 (F) et arroser ou graisser légèrement un plat de 9 x 13"

poêle, en plus d'un autre plat de goulasch plus petit (environ 8 à 10 palourdes ne rentreront pas dans le 9 x 13). Pour remplir les coquilles, prenez chaque coquille à tour de rôle en la tenant ouverte avec le pouce et l'index de votre main non dominante. Retirez 3 à 4 cuillères à soupe combles avec votre autre main et grattez la coquille. La plupart d'entre eux n'auront pas fière allure, ce qui n'est pas grave ! Conservez les coquilles remplies côte à côte dans le récipient préparé. La sauce est versée sur les palourdes, laissant des morceaux indubitables de garniture verte. Graisser le récipient avec du bar et préparer-le pendant 30 minutes. Augmentez le feu à 375 (F), saupoudrez les coquilles de parmesan râpé (si vous en utilisez) et baissez le feu pendant encore 5 minutes.

jusqu'à 10 minutes jusqu'à ce que le cheddar soit fondu et que l'excès d'humidité soit réduit.

5. Laisser refroidir 5 à 10 minutes, après quoi servir seul ou avec une nouvelle assiette de mesclun après coup !

Ingrédients pour la salade de nouilles asiatiques :

8 onces de nouilles de pâtes de blé entier longues - par exemple, des spaghettis (utilisez des nouilles soba pour faire sans gluten) 24 onces de salade de chou au brocoli Mann's - 2 sacs de 12 onces 4 onces de carottes râpées

1/4 tasse d'huile d'olive extra vierge

1/4 tasse de vinaigre de riz

3 cuillères à soupe de nectar – utilisez du nectar d'agave léger pour rendre l'amateur de légumes

3 cuillères à soupe de pâte à tartiner onctueuse aux noix

2 cuillères à soupe de sauce soja à faible teneur en sodium (sans gluten, si nécessaire) 1 cuillère à soupe de sauce chili Sriracha ou de sauce chili à l'ail, et plus au goût

1 cuillère à soupe de gingembre fraîchement haché

2 cuillères à café d'ail émincé – environ 4 gousses 3/4 tasse d'arachides grillées non salées – hachées grossièrement 3/4 tasse de coriandre fraîche – finement hachée

Directions:

1. Faites bouillir une grande casserole d'eau salée. Cuire les nouilles jusqu'à ce qu'elles soient encore un peu fermes, selon les instructions sur l'emballage. Égoutter et rincer rapidement à l'eau froide pour éliminer l'excès d'amidon et arrêter la cuisson, puis transférer dans un grand bol de service. Incluez le brocoli et les carottes.

2. Pendant que les pâtes cuisent, mélangez l'huile d'olive, le vinaigre de riz, le nectar, la pâte à tartiner aux noix, la sauce soja, la Sriarcha, le gingembre et l'ail. Verser sur le mélange de nouilles et remuer pour raffermir. Ajoutez les noisettes et la coriandre et mélangez à nouveau. Servir froid ou à température ambiante avec de la sauce Sriracha supplémentaire, si désiré.

3. Notes de formule

4. La salade de nouilles asiatiques peut être servie froide ou à température ambiante.

Conservez les restes au réfrigérateur dans un contenant hermétique jusqu'à 3 jours.

Portions de saumon et haricots verts : 4

Temps de préparation : 26 minutes

Ingrédients:

2 cuillères à soupe d'huile d'olive

1 oignon jaune, haché

4 filets de saumon, désossés

1 tasse de haricots verts, parés et coupés en deux

2 gousses d'ail, hachées

½ tasse de bouillon de poulet

1 cuillère à café de poudre de chili

1 cuillère à café de paprika doux

Une pincée de sel et de poivre noir

1 cuillère à soupe de coriandre hachée

Directions:

1. Faites chauffer une poêle avec de l'huile à feu moyen, ajoutez l'oignon, remuez et faites revenir pendant 2 minutes.

2. Ajoutez le poisson et faites-le frire 2 minutes de chaque côté.

3. Ajoutez le reste des ingrédients, mélangez délicatement et faites cuire le tout à 360 degrés F pendant 20 minutes.

4. Répartissez le tout dans des assiettes et servez pour le déjeuner.

Information nutritionnelle:calories 322, lipides 18,3, fibres 2, glucides 5,8, protéines 35,7

Ingrédients du poulet farci au fromage :

2 thé vert (coupé un peu)

2 jalapeños épépinés (finement hachés)

1/4 cuillère à café de coriandre

1 cuillère à soupe de citron vert à pizza

125 grammes. Cheddar Monterey Jack (grossièrement moulu) 4 poitrines de poulet désossées et sans peau

3 cuillères. huile d'olive

Sel

Poivre

3 cuillères. jus de citron

2 poivrons (finement hachés)

1/2 petit oignon rouge (finement haché)

5 tasses de laitue romaine déchirée

Directions:

1. Préchauffer le gril à 450°F. Dans un bol, mélanger le thé vert et les jalapeños épépinés, 1/4 tasse de coriandre (cassée) et de citron vert, puis mélanger avec le cheddar Monterey Jack.

2. Insérez la lame dans le morceau le plus épais de poitrine de poulet désossée et sans peau et déplacez-la d'avant en arrière pour créer une poche de 2 1/2 pouces aussi large que possible sans expérimenter. Farcir le poulet du mélange de cheddar.

3. Faites chauffer 2 cuillères à soupe d'huile d'olive dans une grande poêle à feu moyen.

Assaisonner le poulet avec du sel et du poivre et cuire jusqu'à ce qu'il soit légèrement doré d'un côté, 3 à 4 minutes. Retourner le poulet et griller jusqu'à ce qu'il soit bien cuit, 10 à 12 minutes.

4. Pendant ce temps, dans un grand bol, fouetter ensemble le jus de citron, 1

cuillère d'huile d'olive et 1/2 cuillère à café de sel. Ajouter les poivrons et l'oignon rouge et laisser reposer 10 minutes en remuant de temps en temps. Mélanger avec de la laitue romaine et 1 tasse de coriandre fraîche. Servi avec du poulet et des quartiers de lime.

Roquette à la sauce gorgonzola Portions : 4

Temps de cuisson : 0 minutes

Ingrédients:

1 botte de roquette, nettoyée

1 poire, tranchée finement

1 cuillère à soupe de jus de citron frais

1 gousse d'ail écrasée

1/3 tasse de fromage Gorgonzola, râpé

1/4 tasse de bouillon de légumes faible en sodium

Poivre fraîchement moulu

4 cuillères à café d'huile d'olive

1 cuillère à soupe de vinaigre de cidre

Directions:

1. Mettez les tranches de poire et le jus de citron dans un bol. Remuer pour couvrir.

Disposez les tranches de poire, ainsi que la roquette, sur une assiette.

2. Dans un bol, mélanger le vinaigre, l'huile, le fromage, le bouillon, le poivre et l'ail. Laisser reposer 5 minutes, retirer l'ail. Garnir de vinaigrette, puis servir.

Information nutritionnelle:Calories 145 Glucides : 23 g Lipides : 4 g Protéines : 6 g

Portions de soupe aux choux : 6

Temps de cuisson : 35 minutes

Ingrédients:

1 oignon jaune, haché

1 tête de chou vert, râpée

2 cuillères à soupe d'huile d'olive

5 tasses de bouillon de légumes

1 carotte, pelée et râpée

Une pincée de sel et de poivre noir

1 cuillère à soupe de coriandre hachée

2 cuillères à café de thym haché

½ cuillère à café de paprika fumé

½ cuillère à café de piment fort

1 cuillère à soupe de jus de citron

Portions de riz au chou-fleur : 4

Temps de préparation : 10 minutes

Ingrédients:

¼ tasse d'huile de cuisson

1 cuillère. Huile de noix de coco

1 cuillère. Sucre de coco

4 tasses de chou-fleur, divisé en fleurons ½ c. Sel

Directions:

1. Tout d'abord, passez le chou-fleur dans un robot culinaire et mélangez pendant 1 à 2 minutes.

2. Faites chauffer l'huile dans une grande poêle à feu moyen, puis versez le chou-fleur, le sucre de coco et le sel dans la poêle.

3. Mélangez bien et faites cuire 4 à 5 minutes ou jusqu'à ce que le chou-fleur soit légèrement tendre.

4. Enfin, versez le lait de coco et dégustez.

Information nutritionnelle:Calories 108 Kcal Protéines : 27,1 g Glucides : 11 g Lipides : 6 g

Frittata à la feta et aux épinards Portions : 4

Temps de préparation : 10 minutes

Ingrédients:

½ petit oignon brun

250 g de pousses d'épinards

½ tasse de fromage feta

1 cuillère à soupe de pâte d'ail

4 oeufs battus

Mélange d'épices

Sel et poivre au goût

1 cuillère à soupe d'huile d'olive

Directions:

1. Ajoutez un oignon finement haché à l'huile et faites cuire à feu moyen.

2. Ajoutez les épinards aux oignons brun clair et mélangez pendant 2 minutes.

3. Ajoutez le mélange d'épinards et d'oignons refroidi aux œufs.

4. Ajoutez maintenant la pâte d'ail, le sel et le poivre et remuez le mélange.

5. Faites cuire ce mélange à feu doux et mélangez délicatement les œufs.

6. Ajoutez la feta aux œufs et placez la poêle sous le gril déjà préchauffé.

7. Faites-la cuire environ 2 à 3 minutes jusqu'à ce que la frittata soit dorée.

8. Servez cette frittata à la feta chaude ou froide.

Information nutritionnelle:Calories 210 Glucides : 5 g Lipides : 14 g Protéines : 21 g

Ingrédients des autocollants pour pot de poulet ardent :

1 kilogramme de poulet haché

1/2 tasse de chou râpé

1 carotte, épluchée et râpée

2 gousses d'ail, pressées

2 oignons verts, tranchés finement

1 cuillère à soupe de sauce soja faible en sodium

1 cuillère à soupe de sauce hoisin

1 cuillère à soupe de gingembre naturel moulu

2 cuillères à café d'huile de sésame

1/4 cuillère à café de poivre blanc moulu

Colis de 36 tonnes gagnés

2 cuillères à soupe d'huile végétale

POUR LA SAUCE À L'HUILE DE POIVRON DE JARDIN :

1/2 tasse d'huile végétale

1/4 tasse de piments rouges séchés, écrasés

2 gousses d'ail, hachées

Directions:

1. Faites chauffer l'huile végétale dans une petite poêle à feu moyen. Incorporer le poivron haché et l'ail, en remuant de temps en temps, jusqu'à ce que l'huile atteigne 180 degrés F, environ 8 à 10 minutes ; mettre dans un endroit sûr.

2. Dans un grand bol, mélanger le poulet, le chou, la carotte, l'ail, l'oignon vert, la sauce soja, la sauce hoisin, le gingembre, l'huile de sésame et le poivre blanc.

3. Pour récupérer les raviolis, placez les emballages sur un plan de travail.

Placez 1 cuillère à soupe de mélange de poulet au centre de chaque emballage. À l'aide de votre doigt, frottez les bords des emballages avec de l'eau. Sertissez le mélange sur la garniture pour former une demi-lune, en pinçant les bords pour sceller.

4. Faites chauffer l'huile végétale dans une grande poêle à feu moyen.

Ajoutez des autocollants en pot en une seule couche et faites cuire jusqu'à ce qu'ils soient brillants et croustillants, environ 2 à 3 minutes de chaque côté.

5. Servir rapidement avec une sauce à l'huile de ragoût chaude.

Crevettes à l'ail et chou-fleur haché Portions : 2

Temps de cuisson : 15 minutes

Ingrédients:

Pour la préparation des crevettes

1 kilo de crevettes

2-3 cuillères à soupe d'assaisonnement cajun

Sel

1 cuillère à soupe de beurre/Ghee

Pour la préparation du sable de chou-fleur

2 cuillères à soupe de ghee

12 onces de chou-fleur

1 gousse d'ail

Sel au goût

Directions:

1. Faire bouillir le chou-fleur et l'ail dans 8 onces d'eau à feu moyen jusqu'à tendreté.

2. Mélangez le chou-fleur tendre au robot culinaire avec le ghee. Ajoutez progressivement de l'eau chaude pour obtenir la bonne consistance.

3. Saupoudrer 2 cuillères à soupe d'assaisonnement cajun sur les crevettes et laisser mariner.

4. Dans une grande poêle, prenez 3 cuillères à soupe de ghee et faites cuire les crevettes à feu moyen.

5. Placez une grosse cuillerée de fleurons de chou-fleur dans un bol avec les crevettes frites.

Information nutritionnelle:Calories 107 Glucides : 1 g Lipides : 3 g Protéines : 20 g

Portions de thon et brocoli : 1

Temps de préparation : 10 minutes

Ingrédients:

1 cuillère à soupe d'huile d'olive extra vierge

3 onces. Thon à l'eau, de préférence léger et épais, égoutté 1 c. Noix, hachées grossièrement

2 tasses de brocoli, finement haché

½ c. sauce piquante

Directions:

1. Commencez par mélanger le brocoli, les épices et le thon dans un grand bol jusqu'à ce que le tout soit bien mélangé.

2. Ensuite, passez les légumes au micro-ondes pendant 3 minutes ou jusqu'à ce qu'ils soient tendres.

3. Ensuite, mélangez les noix et l'huile d'olive dans le bol et mélangez bien.

4. Servez et dégustez.

Information nutritionnelle:Calories 259 Kcal Protéines : 27,1 g Glucides : 12,9 g Lipides : 12,4 g

Soupe de potiron aux crevettes Portions : 4

Temps de préparation : 20 minutes

Ingrédients:

3 cuillères à soupe de beurre non salé

1 petit oignon rouge, finement haché

1 gousse d'ail, tranchée

1 cuillère à café de curcuma

1 cuillère à café de sel

¼ cuillère à café de poivre noir fraîchement moulu

3 tasses de bouillon de légumes

2 tasses de citrouille pelée, coupée en cubes de ¼ de pouce 1 livre de crevettes décortiquées cuites, décongelées si nécessaire 1 tasse de lait d'amande non sucré

¼ tasse d'amandes tranchées (facultatif)

2 cuillères à soupe de persil frais finement haché 2 cuillères à café de zeste de citron râpé ou haché

Directions:

1. Faites fondre le beurre à feu vif dans une grande casserole.

2. Ajoutez l'oignon, l'ail, le curcuma, le sel et le poivre et faites revenir jusqu'à ce que les légumes soient tendres et translucides, 5 à 7 minutes.

3. Ajoutez le bouillon et les courgettes et portez à ébullition.

4. Faire bouillir à feu doux pendant 5 minutes.

5. Ajouter les crevettes et le lait d'amande et cuire jusqu'à ce qu'ils soient bien chauds, environ 2 minutes.

6. Saupoudrer d'amandes (le cas échéant), de persil et de zeste de citron et servir.

Information nutritionnelle:Calories 275 Lipides totaux : 12 g Glucides totaux : 12 g Sucre : 3 g Fibres : 2 g Protéines : 30 g Sodium : 1665 mg

Boulettes de dinde au four Portions : 6

Temps de cuisson : 30 minutes

Ingrédients:

1 kilogramme de dinde hachée

½ tasse de chapelure fraîche, blanche ou de blé entier ½ tasse de parmesan fraîchement râpé

½ cuillère à café. basilic, fraîchement haché

½ cuillère à café. origan, fraîchement haché

1 pc. gros œuf battu

1 cuillère à café. persil, fraîchement haché

3 cuillères à soupe de lait ou d'eau

Une pincée de sel et de poivre

Une pincée de muscade fraîchement râpée

Directions:

1. Préchauffer le four à 350 °F.

2. Tapisser deux moules à pâtisserie de papier sulfurisé.

3. Mélangez tous les ingrédients dans un grand bol.

4. Formez le mélange en boules de 1 pouce et placez chaque boule dans le plat allant au four.

5. Placez la plaque au four.

6. Cuire au four pendant 30 minutes ou jusqu'à ce que la dinde soit bien cuite et que les surfaces soient dorées.

7. Retournez les boulettes de viande une fois à mi-cuisson.

Information nutritionnelle:Calories : 517 Cal Lipides : 17,2 g Protéines : 38,7 g Glucides : 52,7 g Fibres : 1 g

Paloudes Portions : 4

Temps de cuisson : 15 minutes

Ingrédients:

2 cuillères à soupe de beurre non salé

2 carottes moyennes, coupées en morceaux de ½ pouce

2 branches de céleri, tranchées finement

1 petit oignon rouge, coupé en dés ¼ de pouce

2 gousses d'ail, coupées en tranches

2 tasses de bouillon de légumes

1 bouteille (8 onces) de jus de palourde

1 boîte (10 onces) de palourdes

½ cuillère à café de thym séché

½ cuillère à café de sel

¼ cuillère à café de poivre noir fraîchement moulu

Directions:

1. Faites fondre le beurre dans une grande casserole à feu vif.

2. Ajoutez les carottes, le céleri, l'oignon et l'ail et faites revenir jusqu'à ce qu'ils soient ramollis, 2 à 3 minutes.

3. Ajoutez le bouillon et le jus de palourdes et portez à ébullition.

4. Porter à ébullition et laisser mijoter jusqu'à ce que les carottes soient tendres, 3 à 5 minutes.

5. Ajoutez les palourdes et leur jus, le thym, salez et poivrez, faites chauffer 2 à 3 minutes et servez.

Information nutritionnelle:Calories 156 Lipides totaux : 7 g Glucides totaux : 7 g Sucre : 3 g Fibres : 1 g Protéines : 14 g Sodium : 981 mg

Portions avec riz et poulet : 4

Temps de cuisson : 25 minutes

Ingrédients:

1 livre. poitrine de poulet fermier désossée et sans peau ¼ tasse de riz brun

¾ livre. champignons de votre choix, tranchés

1 poireau, haché

¼ tasse d'amandes hachées

1 tasse d'eau

1 cuillère. huile d'olive

1 tasse de haricots verts

½ tasse de vinaigre de cidre de pomme

2 cuillères. farine tout usage

1 tasse de lait faible en gras

¼ tasse de parmesan fraîchement râpé

¼ tasse de crème sure

Une pincée de sel marin, ajoutez-en si nécessaire

poivre noir moulu, au goût

Directions:

1. Versez le riz brun dans une casserole. Ajoutez de l'eau. Couvrir et porter à ébullition. Réduisez le feu, puis laissez mijoter 30 minutes ou jusqu'à ce que le riz soit cuit.

2. Pendant ce temps, dans une casserole, ajoutez le blanc de poulet et versez suffisamment d'eau pour couvrir - assaisonnez de sel. Portez le mélange à ébullition, puis réduisez le feu et laissez mijoter 10 minutes.

3. Hachez le poulet. Mettre de côté.

4. Faites chauffer l'huile d'olive. Cuire le poireau jusqu'à ce qu'il soit tendre. Ajoutez les champignons.

5. Versez du vinaigre de cidre de pomme dans le mélange. Faire bouillir le mélange jusqu'à ce que le vinaigre s'évapore. Ajouter la farine et le lait dans la poêle.

Saupoudrer de parmesan et ajouter la crème. Assaisonner de poivre noir.

6. Préchauffer le four à 350 degrés F. Huiler légèrement une plaque à pâtisserie.

7. Répartissez le riz cuit dans la cocotte, puis le poulet émincé et les haricots verts par dessus. Ajouter la sauce aux champignons et poireaux.

Mettez les amandes dessus.

8. Cuire au four pendant 20 minutes ou jusqu'à ce qu'ils soient dorés. Laisser refroidir avant de servir.

Information nutritionnelle:Calories 401 Glucides : 54 g Lipides : 12 g Protéines : 20 g

Jambalaya de crevettes Portions : 4

Temps de cuisson : 30 minutes

Ingrédients:

10 oz. crevettes moyennes, décortiquées

¼ tasse de céleri, haché ½ tasse d'oignon, haché

1 cuillère à café. d'huile ou de beurre ¼ cuillère à café d'ail émincé

¼ cuillère à café de sel d'oignon ou de sel marin

⅓ tasse de sauce tomate ½ cuillère à café de paprika fumé

½ cuillère à café de sauce Worcestershire

⅔ tasse de carottes, hachées

1¼ tasse de saucisses de poulet, préparées et coupées en dés 2 tasses de lentilles, trempées toute la nuit et étuvées 2 tasses de gombo, haché

Une pincée de parmesan écrasé, de poivron rouge et de poivre noir, râpé pour la garniture (facultatif) Instructions :

1. Faire revenir les crevettes, le céleri et l'oignon dans l'huile dans une poêle à feu moyen-vif pendant cinq minutes ou jusqu'à ce que les crevettes deviennent roses.

2. Ajoutez le reste des ingrédients et faites revenir encore 10 minutes

minutes ou jusqu'à ce que les légumes soient tendres.

3. Pour servir, répartissez uniformément le mélange de jambalaya dans quatre bols de service.

4. Garnir de poivre et de fromage, si désiré.

Information nutritionnelle:Calories : 529 Lipides : 17,6 g Protéines : 26,4 g Glucides : 98,4 g Fibres : 32,3 g

Portions de poulet chili : 6

Temps de cuisson : 1 heure

Ingrédients:

1 oignon jaune, haché

2 cuillères à soupe d'huile d'olive

2 gousses d'ail, hachées

1 kg de blanc de poulet, sans peau, désossé et coupé en dés 1 poivron vert haché

2 tasses de soupe au poulet

1 cuillère à soupe de cacao en poudre

2 cuillères à soupe de poudre de chili

1 cuillère à café de paprika fumé

1 tasse de tomates en conserve, hachées

1 cuillère à soupe de coriandre hachée

Une pincée de sel et de poivre noir

Directions:

1. Faites chauffer une casserole avec de l'huile à feu moyen, ajoutez l'oignon et l'ail et faites revenir pendant 5 minutes.

2. Ajoutez la viande et faites-la revenir encore 5 minutes.

3. Ajoutez le reste des ingrédients, mélangez, laissez cuire à feu moyen pendant 40 minutes.

4. Répartissez le chili dans les bols et servez-le pour le déjeuner.

Information nutritionnelle:calories 300, lipides 2, fibres 10, glucides 15, protéines 11

Portions de soupe aux lentilles et à l'ail : 4

Temps de cuisson : 15 minutes

Ingrédients:

2 cuillères à soupe d'huile d'olive extra vierge

2 carottes moyennes, tranchées finement

1 petit oignon blanc, coupé en dés ¼ de pouce

2 gousses d'ail, tranchées finement

1 cuillère à café de cannelle moulue

1 cuillère à café de sel

¼ cuillère à café de poivre noir fraîchement moulu

3 tasses de bouillon de légumes

1 boîte (15 onces) de lentilles, égouttées et rincées 1 cuillère à soupe de zeste d'orange haché ou râpé

¼ tasse de noix hachées (facultatif)

2 cuillères à soupe de persil plat frais finement haché

1. Faites chauffer l'huile à feu vif dans une grande casserole.

2. Ajouter les carottes, l'oignon et l'ail et faire sauter jusqu'à ce qu'ils ramollissent, 5 à 7.

minutes.

3. Incorporer la cannelle, le sel et le poivre et mélanger pour enrober uniformément les légumes, 1 à 2 minutes.

4. Ajoutez le bouillon et faites bouillir. Portez à ébullition, puis ajoutez les lentilles et laissez cuire 1 minute maximum.

5. Ajoutez le zeste d'orange et servez, saupoudré de noix (le cas échéant) et de persil.

Information nutritionnelle:Calories 201 Lipides totaux : 8 g Glucides totaux : 22 g Sucre : 4 g Fibres : 8 g Protéines : 11 g Sodium : 1178 mg

Délicieux potiron et poulet dans le rôti classique de Santa Fe

Portions : 2

Temps de cuisson : 15 minutes

Ingrédients:

1 cuillère à café. huile d'olive

2 pièces. poitrine de poulet, tranchée

1 oignon, petit, coupé en dés

2 gousses d'ail hachées 1 courgette coupée en dés ½ tasse de carottes hachées

1 cuillère à soupe de paprika, 1 cuillère à soupe de cumin fumé moulu

½ cuillère à café de chili en poudre ¼ cuillère à café de sel marin

2 cuillères. jus de citron frais

¼ tasse de coriandre, fraîchement hachée

Riz brun ou quinoa, pour servir

Directions:

1. Faire revenir le poulet avec l'huile d'olive pendant environ 3 minutes jusqu'à ce qu'il brunisse. Mettre de côté.

2. Utilisez le même wok et ajoutez l'oignon et l'ail.

3. Cuire jusqu'à ce que l'oignon soit tendre.

4. Ajoutez les carottes et les courgettes.

5. Remuez le mélange et poursuivez la cuisson pendant environ une minute.

6. Ajoutez toutes les épices au mélange et remuez pour cuire encore une minute.

7. Remettez le poulet dans le wok et versez le jus de citron.

8. Remuer pour cuire jusqu'à ce que tout soit cuit.

9. Pour servir, verser le mélange sur du riz ou du quinoa cuit et garnir de coriandre fraîche hachée.

Information nutritionnelle:Calories : 191 Lipides : 5,3 g Protéines : 11,9 g Glucides : 26,3 g Fibres : 2,5 g

Tacos au tilapia avec une belle salade de gingembre et de sésame

Portions : 4

Temps de préparation : 5 heures

Ingrédients:

1 cuillère à café de gingembre frais, râpé

Sel et poivre noir fraîchement moulu au goût 1 cuillère à café de stevia

1 cuillère à soupe de sauce soja

1 cuillère à soupe d'huile d'olive

1 cuillère à soupe de jus de citron

1 cuillère à soupe de yaourt nature

1½ lb de filets de tilapia

1 tasse de mélange pour salade de chou

Directions:

1. Allumez l'Instant Pot, ajoutez-y tous les ingrédients à l'exception des filets de tilapia et du mélange de salade de chou et remuez jusqu'à ce que le tout soit bien mélangé.

2. Ajoutez ensuite les filets, remuez jusqu'à ce qu'ils soient bien enrobés, fermez avec le couvercle, appuyez sur

bouton « cuisson lente » et laissez cuire 5 heures en retournant les filets à mi-cuisson.

3. Quand c'est prêt, transférez les filets dans un bol et laissez-le refroidir complètement.

4. Pour préparer le repas, répartissez le mélange de salade de chou dans quatre contenants hermétiques, ajoutez le tilapia et réfrigérez jusqu'à trois jours.

5. Au moment de manger, réchauffez le tilapia au micro-ondes jusqu'à ce qu'il soit très chaud, puis servez-le avec une salade de chou.

Information nutritionnelle:Calories 278, matières grasses totales 7,4 g, glucides 18,6 g, protéines 35,9 g, sucre 1,2 g, fibres 8,2 g, sodium 194 mg

Portions de ragoût de lentilles au curry : 4

Temps de cuisson : 15 minutes

Ingrédients:

1 cuillère à soupe d'huile d'olive

1 oignon, haché

2 gousses d'ail, hachées

1 cuillère à soupe d'épices pour curry bio

4 tasses de bouillon de légumes biologique faible en sodium 1 tasse de lentilles rouges

2 tasses de citrouille, cuite

1 tasse de chou frisé

1 cuillère à café de curcuma

Sel de mer au goût

Directions:

1. Faites chauffer l'huile d'olive avec l'oignon et l'ail dans une grande casserole à feu moyen, ajoutez-les. Faire bouillir pendant 3 minutes.

2. Ajouter les épices au curry bio, le bouillon de légumes et les lentilles et porter à ébullition. Cuire 10 minutes.

3. Incorporer la courge et le chou frisé cuits.

4. Ajoutez du curcuma et du sel marin au goût.

5. Servir chaud.

Information nutritionnelle:Glucides totaux 41 g Fibres alimentaires : 13 g Protéines : 16 g Lipides totales : 4 g Calories : 252

Salade César au chou frisé avec wrap au poulet grillé Portions : 2

Temps de préparation : 20 minutes

Ingrédients:

6 tasses de chou frisé, coupé en bouchées, ½ œuf restant ; cuit

8 onces de poulet grillé, tranché finement

½ cuillère à café de moutarde de Dijon

¾ tasse de parmesan, finement râpé

poivre noir

sel casher

1 gousse d'ail, hachée

1 tasse de tomates cerises, coupées en quartiers

1/8 tasse de jus de citron fraîchement pressé

2 grosses tortillas ou deux pains plats Lavash

1 cuillère à café d'agave ou de miel

1/8 tasse d'huile d'olive

Directions:

1. Mélangez la moitié de l'œuf dur avec la moutarde, l'ail émincé, le miel, l'huile d'olive et le jus de citron dans un grand bol. Fouettez jusqu'à obtenir une consistance semblable à celle d'une vinaigrette. Assaisonner avec du poivre et du sel au goût.

2. Ajouter les tomates cerises, le poulet et le chou frisé. mélanger doucement jusqu'à ce qu'il soit bien enrobé de vinaigrette, puis ajouter ¼ tasse de parmesan.

3. Étalez le pain et répartissez uniformément la salade préparée sur les wraps ; saupoudrer chacun d'environ ¼ tasse de parmesan.

4. Roulez les wraps et coupez-les en deux. Servir immédiatement et déguster.

Information nutritionnelle:kcal 511 Lipides : 29 g Fibres : 2,8 g Protéines : 50 g

Portions de salade de haricots et d'épinards : 1

Temps de cuisson : 5 minutes

Ingrédients:

1 tasse d'épinards frais

¼ tasse de haricots noirs en conserve

½ tasse de pois chiches en conserve

½ tasse de champignons cremini

2 cuillères à soupe de vinaigrette balsamique bio 1 cuillère à soupe d'huile d'olive

Directions:

1. Faites cuire les champignons cremini avec l'huile d'olive à feu doux et moyen pendant 5 minutes, jusqu'à ce qu'ils soient légèrement dorés.

2. Assemblez la salade en ajoutant des épinards frais dans une assiette et en mélangeant avec les haricots, les champignons et la vinaigrette balsamique.

Information nutritionnelle:Glucides totaux 26 g Fibres alimentaires : 8 g Protéines : 9 g Lipides totales : 15 g Calories : 274

Saumon en croûte aux noix et romarin Portions : 6

Temps de préparation : 20 minutes

Ingrédients:

1 Hachez une gousse d'ail

1 cuillère à soupe de moutarde de Dijon

¼ cuillère à café de zeste de citron

1 cuillère à soupe de jus de citron

1 cuillère à soupe de romarin frais

1/2 cuillère à café de miel

Huile d'olive

Persil frais

3 cuillères à soupe de noix hachées

1 kilo de saumon sans peau

1 cuillère à soupe de poivron rouge fraîchement moulu

Sel poivre

Roues de citron pour la décoration

3 cuillères à soupe de chapelure Panko

1 cuillère à soupe d'huile d'olive extra vierge

Directions:

1. Étalez la plaque à pâtisserie au four et préchauffez-la à 240°C.

2. Dans un bol, mélanger la pâte de moutarde, l'ail, le sel, l'huile d'olive, le miel, le jus de citron, le poivron rouge moulu, le romarin, le pus du miel.

3. Mélangez le panko, les noix et l'huile et étalez les fines tranches de poisson sur la plaque à pâtisserie. Vaporisez uniformément l'huile d'olive des deux côtés du poisson.

4. Versez le mélange de noix sur le saumon avec le mélange de moutarde dessus.

5. Faites cuire le saumon pendant environ 12 minutes. Garnir de persil frais et de quartiers de citron et servir chaud.

Information nutritionnelle:Calories 227 Glucides : 0 g Lipides : 12 g Protéines : 29 g

Patates douces au four avec sauce tahini rouge

Portions : 4

Temps de cuisson : 30 minutes

Ingrédients:

15 onces de pois chiches en conserve

4 patates douces de taille moyenne

½ cuillère à café d'huile d'olive

1 pincée de sel

1 cuillère à soupe de jus de citron

1/2 cuillère à café de poudre de cumin, de coriandre et de paprika pour la sauce à l'ail et aux herbes

¼ tasse de sauce tahini

½ cuillère à café de jus de citron

3 gousses d'ail

Sel au goût

Directions:

1. Préchauffez le four à 204°C. Mélanger les pois chiches avec le sel, les épices et l'huile d'olive. Étalez-les sur la feuille de papier aluminium.

2. Badigeonnez de fines tranches de patate douce d'huile et placez-les sur les haricots marinés et faites cuire au four.

3. Pour la sauce, mélangez toutes les garnitures dans un bol. Ajoutez-y un peu d'eau mais gardez-le épais.

4. Sortez les patates douces du four après 25 minutes.

5. Garnissez cette salade de patates douces et de pois chiches au four avec une vinaigrette à l'ail piquante.

Information nutritionnelle:Calories 90 Glucides : 20 g Lipides : 0 g Protéines : 2 g

Portions de soupe italienne à la courge d'été : 4

Temps de cuisson : 15 minutes

Ingrédients:

3 cuillères à soupe d'huile d'olive extra vierge

1 petit oignon rouge, tranché finement

1 gousse d'ail, hachée

1 tasse de courgettes râpées

1 tasse de courge jaune râpée

½ tasse de carotte râpée

3 tasses de bouillon de légumes

1 cuillère à café de sel

2 cuillères à soupe de basilic frais finement haché

1 cuillère à soupe de ciboulette fraîche finement hachée

2 cuillères à soupe de pignons de pin

Directions:

1. Faites chauffer l'huile à feu vif dans une grande casserole.

2. Ajoutez l'oignon et l'ail et faites revenir jusqu'à ce qu'ils soient ramollis, 5 à 7 minutes.

3. Ajoutez les courgettes, la courge jaune et la carotte et faites revenir jusqu'à ce qu'elles soient ramollies, 1 à 2 minutes.

4. Ajoutez le bouillon et le sel et faites bouillir. Faire bouillir en 1 à 2 minutes.

5. Mélangez le basilic et la ciboulette et servez parsemé de pignons de pin.

Information nutritionnelle:Calories 172 Lipides totaux : 15 g Glucides totaux : 6 g Sucre : 3 g Fibres : 2 g Protéines : 5 g Sodium : 1170 mg

Portions de soupe au safran et au saumon : 4

Temps de préparation : 20 minutes

Ingrédients:

¼ tasse d'huile d'olive extra vierge

2 poireaux, parties blanches seulement, tranchés finement

2 carottes moyennes, tranchées finement

2 gousses d'ail, tranchées finement

4 tasses de bouillon de légumes

1 livre de filets de saumon sans peau, coupés en morceaux de 1 pouce 1 cuillère à café de sel

¼ cuillère à café de poivre noir fraîchement moulu

¼ cuillère à café de fils de safran

2 tasses de pousses d'épinards

½ tasse de vin blanc sec

2 cuillères à soupe de thé vert haché, côtés blanc et vert 2 cuillères à soupe de persil frais finement haché.

1. Faites chauffer l'huile dans une grande casserole.

2. Ajouter les poireaux, les carottes et l'ail et faire revenir jusqu'à ce qu'ils soient ramollis, 5 à 7.

minutes.

3. Ajoutez le bouillon et faites bouillir.

4. Faire bouillir et ajouter le saumon, le sel, le poivre et le safran. Cuire jusqu'à ce que le saumon soit cuit, environ 8 minutes.

5. Ajoutez les épinards, le vin, l'oignon et le persil et faites cuire jusqu'à ce que les épinards soient fanés, 1 à 2 minutes, et servez.

Information nutritionnelle:Calories 418 Lipides totaux : 26 g Glucides totaux : 13 g Sucre : 4 g Fibres : 2 g Protéines : 29 g Sodium : 1455 mg

Soupe de crevettes et champignons aux saveurs thaïlandaises

Portions : 6

Temps de préparation : 38 minutes

Ingrédients:

3 cuillères à soupe de beurre non salé

1 lb de crevettes, nettoyées et déveinées

2 cuillères à soupe d'ail émincé

1 pouce de racine de gingembre, pelée

1 oignon moyen, coupé en dés

1 piment rouge thaïlandais, haché

1 branche de citronnelle

½ cuillère à café de zeste de citron frais

Sel et poivre noir fraîchement concassé, au goût 5 tasses de soupe au poulet

1 cuillère à soupe d'huile de coco

½ lb de champignons cremini, tranchés

1 petite courgette verte

2 cuillères à soupe de jus de citron frais

2 cuillères à soupe de sauce de poisson

¼ bouquet de basilic thaï frais, haché

¼ bouquet de coriandre fraîche, hachée

Directions:

1. Prenez une grande casserole, mettez-la sur feu moyen, ajoutez le beurre et quand il fond, ajoutez les crevettes, l'ail, le gingembre, l'oignon, le piment, la citronnelle et le zeste de citron vert, assaisonnez de sel et de poivre noir et laissez cuire 3 minutes. .

2. Versez le bouillon, faites bouillir pendant 30 minutes, puis égouttez.

3. Prenez une grande poêle sur feu moyen, ajoutez de l'huile et lorsqu'elle est chaude, ajoutez les champignons et les courgettes, assaisonnez de sel et de poivre noir et laissez cuire 3 minutes.

4. Ajouter le mélange de crevettes dans la poêle, cuire 2 minutes, arroser de jus de citron et de sauce de poisson et cuire 1 minute.

5. Goûtez pour rectifier l'assaisonnement, puis retirez la casserole du feu, décorez de coriandre et de basilic et servez.

Information nutritionnelle:Calories 223, matières grasses totales 10,2 g, glucides 8,7 g, protéines 23 g, sucre 3,6 g, sodium 1128 mg

Orzo aux tomates séchées Ingrédients :

1 lb de poitrines de poulet désossées et sans peau, coupées en morceaux de 3/4 de pouce

1 cuillère à soupe + 1 cuillère à soupe d'huile d'olive

Sel et poivre noir moulu

2 gousses d'ail, hachées

1/4 tasse (8 oz) de pâtes orzo sèches

2 3/4 tasses de bouillon de poulet faible en sodium, alors plus varié (n'utilisez pas de jus ordinaires, il sera trop salé) 1/3 tasse de morceaux de tomates séchées farcies dans de l'huile aux herbes (environ 12 parts. Secouez) une partie de l'huile abondante), bien brisée dans un robot culinaire

1/2 à 3/4 tasse de parmesan cheddar finement râpé, au goût 1/3 tasse de basilic croustillant haché

Directions:

1. Faites chauffer 1 cuillère à soupe d'huile d'olive dans une casserole à feu moyen-vif.

2. Une fois qu'il est brillant, ajoutez le poulet, assaisonnez légèrement avec du sel et du poivre et faites cuire jusqu'à ce qu'il soit brillant, environ 3 minutes, puis tournez-le sur les côtés opposés et faites cuire jusqu'à ce qu'il soit d'une couleur foncée brillante et bien cuit, environ 3 minutes. Transférer le poulet dans une assiette, couvrir de papier d'aluminium pour garder au chaud.

3. Ajoutez ensuite 1 cuillère à café d'huile d'olive pour arroser les aliments, ajoutez l'ail et faites-le frire pendant 20 secondes, ou jusqu'à ce qu'il soit tendre, puis versez le bouillon de poulet tout en raclant les morceaux cuits du fond de la poêle.

4. Chauffez le bouillon jusqu'à ébullition à ce stade, incluez les pâtes orzo, réduisez le feu de la casserole avec un couvercle et laissez-le bouillonner doucement pendant 5 minutes à ce stade, découvrez, remuez et continuez à bouillonner jusqu'à ce que l'orzo soit tendre. , environ 5 minutes. plus longtemps, en remuant de temps en temps (ne stressez pas s'il reste quelques jus, cela lui donnera quelque chose de piquant).

5. Lorsque les pâtes sont cuites, mélangez le poulet avec l'orzo et retirez du feu. Ajoutez le cheddar parmesan et remuez jusqu'à dissolution, puis ajoutez les tomates séchées au soleil, le basilic et assaisonnez.

avec du poivre (vous ne devriez pas avoir besoin de sel, mais ajoutez-en un peu si vous pensez que c'est le cas).

6. Ajoutez plus de jus pour diluer aussi souvent que vous le souhaitez (au fur et à mesure que les pâtes reposent, elles absorberont l'excès de liquide, et

je l'ai apprécié un peu trop abondamment, alors j'en ai inclus un peu plus).

Servir chaud.

Portions de soupe aux champignons et betteraves : 4

Temps de préparation : 40 minutes

Ingrédients:

2 cuillères à soupe d'huile d'olive

1 oignon jaune, haché

2 betteraves pelées et coupées en gros cubes

1 kilogramme de champignons blancs, tranchés

2 gousses d'ail, hachées

1 cuillère à soupe de concentré de tomate

5 tasses de bouillon de légumes

1 cuillère à soupe de persil haché

Directions:

1. Faites chauffer une casserole avec de l'huile à feu moyen, ajoutez l'oignon et l'ail et faites revenir pendant 5 minutes.

2. Ajoutez les champignons, remuez et laissez cuire encore 5 minutes.

3. Ajoutez les betteraves et les autres ingrédients, portez à ébullition et laissez cuire à feu moyen encore 30 minutes en remuant de temps en temps.

4. Mettez la soupe dans des bols et servez.

Information nutritionnelle:calories 300, lipides 5, fibres 9, glucides 8, protéines 7

Boulettes de poulet au parmesan Ingrédients :

2 kg de poulet haché

3/4 tasse de chapelure panko sans gluten le panko fonctionnera bien 1/4 tasse d'oignon finement haché

2 cuillères à soupe de persil haché

2 gousses d'ail émincées

1 petit citron environ 1 cuillère à café 2 œufs

3/4 tasse de Pecorino Romano ou cheddar parmesan râpé 1 cuillère à café de vrai sel

1/2 cuillère à café de poivre noir moulu croustillant

1 litre de sauce marinara cinq minutes

4 à 6 onces de mozzarella en tranches croustillantes

Directions:

1. Préchauffer le poêle à 400 degrés en plaçant la grille dans le tiers supérieur du gril. Dans un grand bol, mélanger le tout sauf la marinara et la mozzarella. Mélangez délicatement à l'aide de vos mains ou d'une énorme cuillère. Retirer et façonner des boulettes de viande et les placer sur une plaque chauffante tapissée de papier d'aluminium. Disposez les boulettes de

viande très rapprochées dans l'assiette pour qu'elles soient assorties. Étalez environ une demi-cuillerée de sauce sur chaque galette. Chauffer pendant 15 minutes.

2. Retirez les boulettes de viande du feu et augmentez la température du gril pour cuire. Garnir chaque boulette de viande d'une demi-cuillère à soupe supplémentaire de sauce et ajouter un carré de mozzarella. (Je les ai coupés en morceaux légers d'environ 1 pouce carré.) Faites griller encore 3 minutes, jusqu'à ce que le cheddar soit ramolli et brillant. Servir avec une sauce supplémentaire. J'apprécie!

Boulettes de viande à la Parmigiana

Ingrédients :

Pour les boulettes de viande

1,5 lb de hamburger haché (80/20)

2 cuillères à soupe de persil croustillant, fendu

3/4 tasse de cheddar et parmesan râpé

1/2 tasse de farine d'amande

2 oeufs

1 cuillère à café de sel adapté

1/4 cuillère à café de poivre noir moulu

1/4 cuillère à café de poudre d'ail

1 cuillère à café de gouttes d'oignon séché

1/4 cuillère à café d'origan séché

1/2 tasse d'eau tiède

Pour la Parmigiana

1 tasse de sauce marinara céto nature (ou toute marinara sans sucre d'origine locale)

4 onces de cheddar mozzarella

Directions:

1. Ajoutez tout le mélange de boulettes de viande dans un grand bol et mélangez bien.

2. Façonner quinze boulettes de viande de 2".

3. Préparez à 350 degrés (F) pendant 20 minutes OU faites rôtir dans une grande poêle à feu moyen jusqu'à ce qu'il soit cuit. Astuce : essayez de les faire frire dans de la graisse de bacon si vous en avez – cela offre une autre touche de saveur. La fricassée produit les nuances sombres et brillantes vues sur les photos ci-dessus.

4. Pour la Parmigiana :

5. Placez les boulettes de viande cuites dans un plat allant au four.

6. Mettez environ 1 cuillère à soupe de sauce sur chaque boulette de viande.

7. Étalez environ 1/4 oz de cheddar mozzarella sur chacun.

8. Cuire au four à 350 degrés (F) pendant 20 minutes (40 minutes si les boulettes de viande sont prises) ou jusqu'à ce qu'elles soient bien chaudes et que le cheddar soit brillant.

9. Garnir de persil frais aussi souvent que désiré.

Poitrine de dinde poêlée aux légumes dorés

Portions : 4

Temps de cuisson : 45 minutes

Ingrédients:

2 cuillères à soupe de beurre non salé, à température ambiante 1 courge poivrée moyenne, épépinée et tranchée finement 2 grosses betteraves dorées, pelées et tranchées finement ½ oignon jaune moyen, tranché finement

½ poitrine de dinde désossée, avec la peau (1 à 2 kg) 2 cuillères à soupe de miel

1 cuillère à café de sel

1 cuillère à café de curcuma

¼ cuillère à café de poivre noir fraîchement moulu

1 tasse de bouillon de poulet ou de bouillon de légumes

Directions:

1. Préchauffer le four à 400 °F. Beurrer la plaque à pâtisserie.

2. Disposez les courgettes, les betteraves et les oignons en une seule couche sur la plaque à pâtisserie. Placez la peau de dinde vers le haut. Arroser de miel.

Assaisonner de sel, de curcuma et de poivre et ajouter le bouillon.

3. Rôtir jusqu'à ce que la dinde atteigne 165 °F au centre avec un thermomètre à lecture instantanée, 35 à 45 minutes. Retirer et laisser reposer 5 minutes.

4. Coupez et servez.

Information nutritionnelle:Calories 383 Lipides totaux : 15 g Glucides totaux : 25 g Sucre : 13 g Fibres : 3 g Protéines : 37 g Sodium : 748 mg

www.ingramcontent.com/pod-product-compliance
Lightning Source LLC
Chambersburg PA
CBHW070401120526
44590CB00014B/1209